ORDONNANCE

DU ROI

SUR LE SERVICE INTÉRIEUR

DES TROUPES A CHEVAL.

DU 2 NOVEMBRE 1833,

Annotée de toutes les dispositions qui l'ont modifiée
jusqu'au 1er janvier 1854 ;

PAR

AL. GARREL,

Commis principal au Ministère de la Guerre.

~~~

PARIS,

LIBRAIRIE MILITAIRE.

J. DUMAINE, LIBRAIRE-ÉDITEUR DE S. M. L'EMPEREUR,

Rue et passage Dauphine, 30.

1854

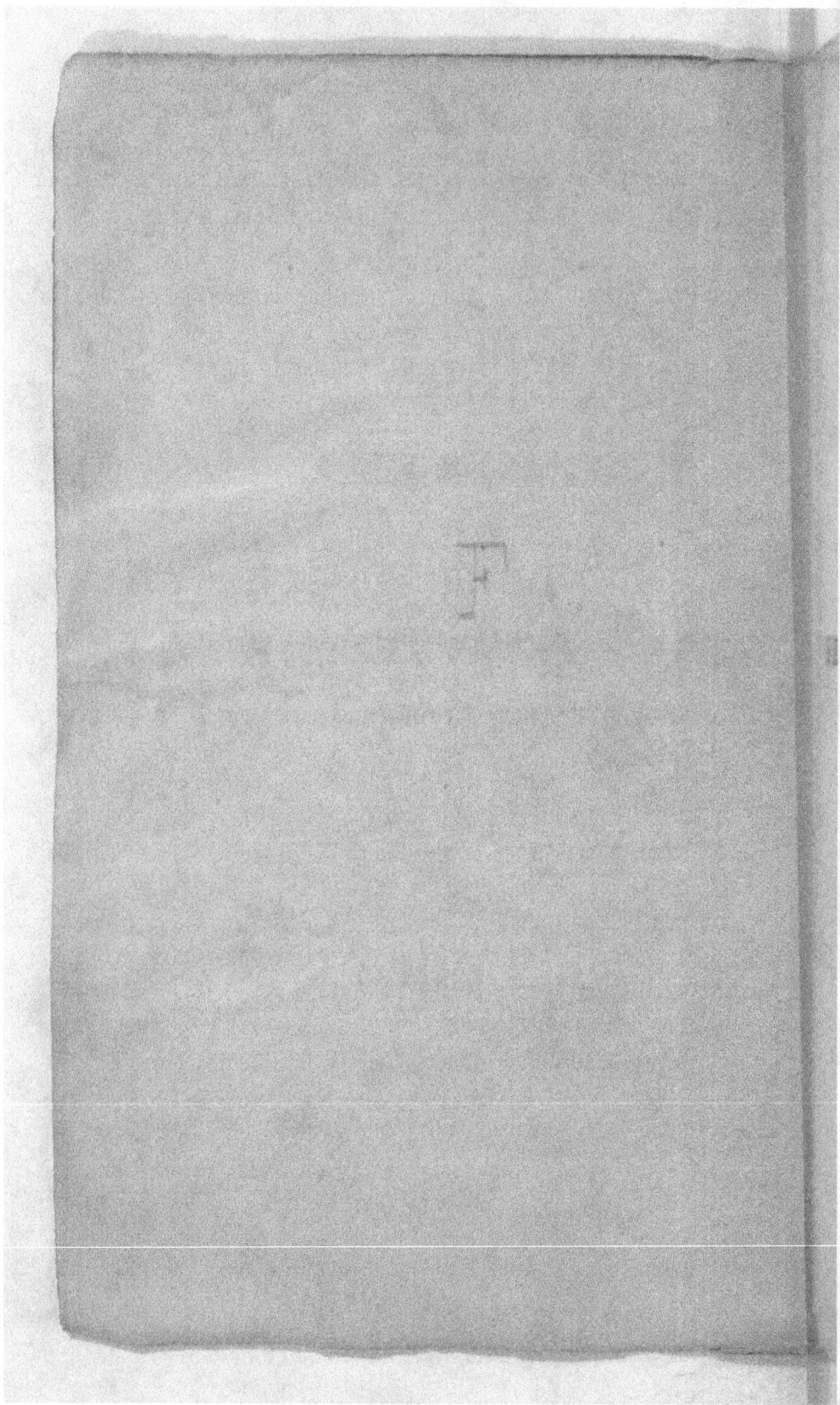

ORDONNANCE
DU ROI

SERVICE INTÉRIEUR

DES TROUPES A CHEVAL.

Imprimerie de COSSE et J DUMAINE, rue Christine, 2.

ORDONNANCE

DU ROI

SUR LE SERVICE INTÉRIEUR

DES TROUPES A CHEVAL.

DU 2 NOVEMBRE 1833,

Annotée de toutes les dispositions qui l'ont modifiée
jusqu'au 1er janvier 1854 ;

PAR

AL. GARREL,

Commis principal au Ministère de la Guerre.

———————

PARIS.

LIBRAIRIE MILITAIRE.

J. DUMAINE, LIBRAIRE-ÉDITEUR DE S. M. L'EMPEREUR,

Rue et passage Dauphine, 30.

———

1854

TABLE ANALYTIQUE

DU SERVICE JOURNALIER.

§ Ier. — Réveil.

§ II. — Déjeuner des chevaux.

mai, juin, juillet et août; — *à cinq heures un quart* pendant les mois de mars, avril, septembre et octobre; — *à six heures un quart* pendant les mois de novembre, décembre, janvier et février.

Distribué par les brigadiers de semaine; donné aux chevaux par les gardes d'écurie et par les cavaliers envoyés pour les aider.

Litière relevée; — écuries nettoyées.

Un officier de semaine par deux escadrons et les maréchaux des logis de semaine présents.

§ III. — APPEL ET PANSAGE DU MATIN.

Sonnés une heure après le déjeuner des chevaux : — *à cinq heures trois quarts* pendant les mois de mai, juin, juillet et août; *à six heures un quart* pendant les mois de mars, avril, septembre et octobre; — *à sept heures un quart* pendant les mois de novembre, décembre, janvier et février.

Appel de chaque escadron fait devant l'officier de semaine, par le maréchal des logis chef ou par le maréchal des logis de semaine.—Compte rendu à l'officier de semaine, et par celui-ci a l'adjudant-major.

Pansage fait au dehors quand le temps et les localités le permettent.—Il peut, dans divers cas, et sur les ordres du colonel, être remplacé par un simple bouchonnage.—Avoine distribuée par le brigadier de semaine aux cavaliers chargés de la donner à chaque ordinaire de chevaux.—Sonnerie pour l'abreuvoir, exécutée au signal qu'en fait donner l'adjudant-major de semaine.—Écuries balayées et mangeoires nettoyées par les cavaliers restés aux écuries pendant qu'on est à l'abreuvoir.—Avoine donnée au retour, après que les chevaux ont été bouchonnés.—Paille donnée aux chevaux après qu'ils ont mangé l'avoine.—Le devant des écuries balayé.

§ IV. — RETOUR DES ÉCURIES. — PROPRETÉ DANS LES CHAMBRES.

Le service des écuries fini, les cavaliers rentrent dans les chambres.—Soins pour leur propreté personnelle.—Détails de propreté dans les chambres.—Les hommes commandés de service, ou pour les classes d'instruction, se tiennent prêts.

§ V. — SOUPE DU MATIN.

Sonnée à *neuf heures* depuis le 1er mars jusqu'au 1er novembre;—à *dix heures* depuis le 1er
novembre jusqu'au 1er mars.

§ VI. — PROPRETÉ DU QUARTIER.

Corvée sonnée après la soupe du matin. Corridors et escaliers nettoyés par les hommes de corvée, rassemblés et dirigés par les brigadiers de
semaine;—conduits ensuite au maréchal des logis de garde, qui leur fait nettoyer les cours, lorsque le nombre des hommes détenus ou consignés
n'est pas suffisant pour cette corvée.

§ VII. — RAPPORT GÉNÉRAL DES VINGT-QUATRE HEURES.

Les devoirs de chaque grade, en ce qui concerne le rapport journalier, sont tracés dans
l'article 247 (Voir ci-après § XI. *Ordres relatifs
au service*).

§ VIII. — AUTRES RAPPORTS JOURNALIERS

—De l'adjudant-major au chef d'escadrons de semaine.

§ IX. — RAPPORTS, A DIVERSES ÉPOQUES,

—De l'officier de peloton au capitaine commandant, chaque semaine sur le harnachement, chaque mois sur la revue de tous les effets.

—Du capitaine de semaine au major, ou, en son absence, au lieutenant-colonel, sur les distributions, les jours où elles ont lieu.

—Du chirurgien-major au lieutenant-colonel : 1° deux fois par semaine sur les malades aux hôpitaux; 2° tous les mois, sur la visite individuelle qu'il fait des brigadiers et cavaliers; 3° à l'arrivée des hommes de recrue, sur ceux qu'il juge impropres au service.

—Du capitaine instructeur : 1° aux chefs d'escadrons, le premier de chaque mois, sur l'instruction; 2° au major, à la même époque, sur les vétérinaires, l'infirmerie, les chevaux de remonte, etc.; 3° au colonel, quand il y a lieu d'abattre un cheval.

—Des chefs d'escadrons au lieutenant-colonel : 1° le premier de chaque mois, les rapports reçus du capitaine instructeur; 2° chaque fois qu'ils passent des revues de détail des effets, rapport sur le résultat de ces revues.

— *Du major au colonel :* 1° *le premier de chaque mois,* les rapports reçus du capitaine instructeur sur les vétérinaires, l'infirmerie, etc.; 2° chaque trimestre, rapport sur l'administration et la comptabilité tant du corps que des escadrons.

— *Du lieutenant-colonel au colonel :* 1° toutes les semaines, lorsque le colonel est absent, rapport général; 2° le premier de chaque mois, les rapports reçus des chefs d'escadrons sur l'instruction à pied et à cheval, et un rapport détaillé sur les deux premières classes; 3° rapport sur les revues de détail des chefs d'escadrons, quand elles ont lieu; 4° à l'arrivée des recrues, le rapport reçu du chirurgien-major.

— *Du colonel :* 1° au maréchal de camp commandant la brigade ou la subdivision, situation et rapport, les 1er, 8, 16 et 24 de chaque mois; 2° au commandant de la place, les rapports prescrits par l'ordonnance sur le service des places et ceux qu'il peut demander extraordinairement; 3° au maréchal de camp, avis de l'arrivée des chevaux de remonte et rapport d'examen dans la seconde quinzaine; 4° su maréchal de camp, rapport quand il y a nécessité d'abattre un cheval, ce dont le sous-intendant doit être ensuite prévenu.

§ X. — GARDE MONTANTE ET PARADE.

Rassemblement de la garde sonné à onze heures et demie;

Hommes de service inspectés par les officiers de semaine;

Gardes et sous-officiers rassemblés par l'adjudant de semaine;

Garde inspectée par l'adjudant-major de semaine.

Lorsqu'elle est commandée par un officier, le chef d'escadrons de semaine en passe l'inspection. Elle défile devant lui, au commandement du capitaine de garde, s'il y en a un plus ancien que l'adjudant-major, et à celui de l'adjudant-major, s'il n'y a pas de capitaine plus ancien que lui. Si elle est commandée par un sous-officier, elle défile au commandement de l'adjudant de semaine; dans ce cas, le chef d'escadrons peut se dispenser de s'y rendre.

Quand il y a parade pour la garnison, la garde du régiment est conduite au rendez-vous général soit par l'adjudant-major, soit par l'officier qui la commande, s'il est capitaine plus ancien que l'adjudant-major, soit enfin par l'adjudant de semaine, s'il n'y a point d'officier.

Les gardes d'écurie, assemblées en même temps que la garde montante, sont conduits à leur poste par les brigadiers de semaine.

(Voir § XI, ci-après).

§ XI. — ORDRES RELATIFS AU SERVICE.

L'article 247 indique les devoirs de chaque grade, pour la transmission des décisions du colonel sur le rapport général des vingt-quatre heures, et de tous ses ordres relatifs au service.

Après que la garde a défilé, l'adjudant-major de semaine indique l'heure des rassemblements, celle des corvées, des classes d'instruction, etc. Il commande le service général et fait commander par l'adjudant celui des sous-officiers et cavaliers. Il communique les ordres qui n'auraient

b

pas été donnés au rapport et désigne les officiers de semaine qui doivent assister aux repas des chevaux. Les ordres urgents sont communiqués au capitaine commandant par le maréchal des logis chef, qui en fait informer les autres officiers par le brigadier fourrier.

Avant l'appel de deux heures, l'adjudant de semaine dicte l'ordre aux fourriers, qui communiquent le livre d'ordres aux officiers.

§ XII. — DINER DES CHEVAUX.

Sonné à midi.
Mêmes devoirs qu'au déjeuner.

§ XIII.— APPEL DE DEUX HEURES ET PANSAGE.

Sonné à deux heures.
Mêmes devoirs qu'à l'appel et au pansage du matin.

judant, signé par l'adjudant-major et porté chez le colonel par un maréchal des logis de semaine, — un double, cacheté, envoyé au commandant de la place et porté par un cavalier de la garde de police.

Portes du quartier fermées par le brigadier de garde.

Cantines fermées par ordre de l'adjudant à l'heure de l'appel ou à l'heure fixée par le colonel.

Contre-appels faits par l'adjudant de semaine quand il en est ordonné par le chef d'escadrons de semaine ou par l'adjudant-major. — L'adjudant peut en faire de son chef, si quelque circonstance particulière l'exige.

§ XVIII. — EXTINCTION DES LUMIÈRES.

Sonnée à *dix heures*.

c Le brigadier de chaque chambrée fait éteindre la lumière, après s'être assuré que l'homme de corvée a rempli la cruche d'eau.

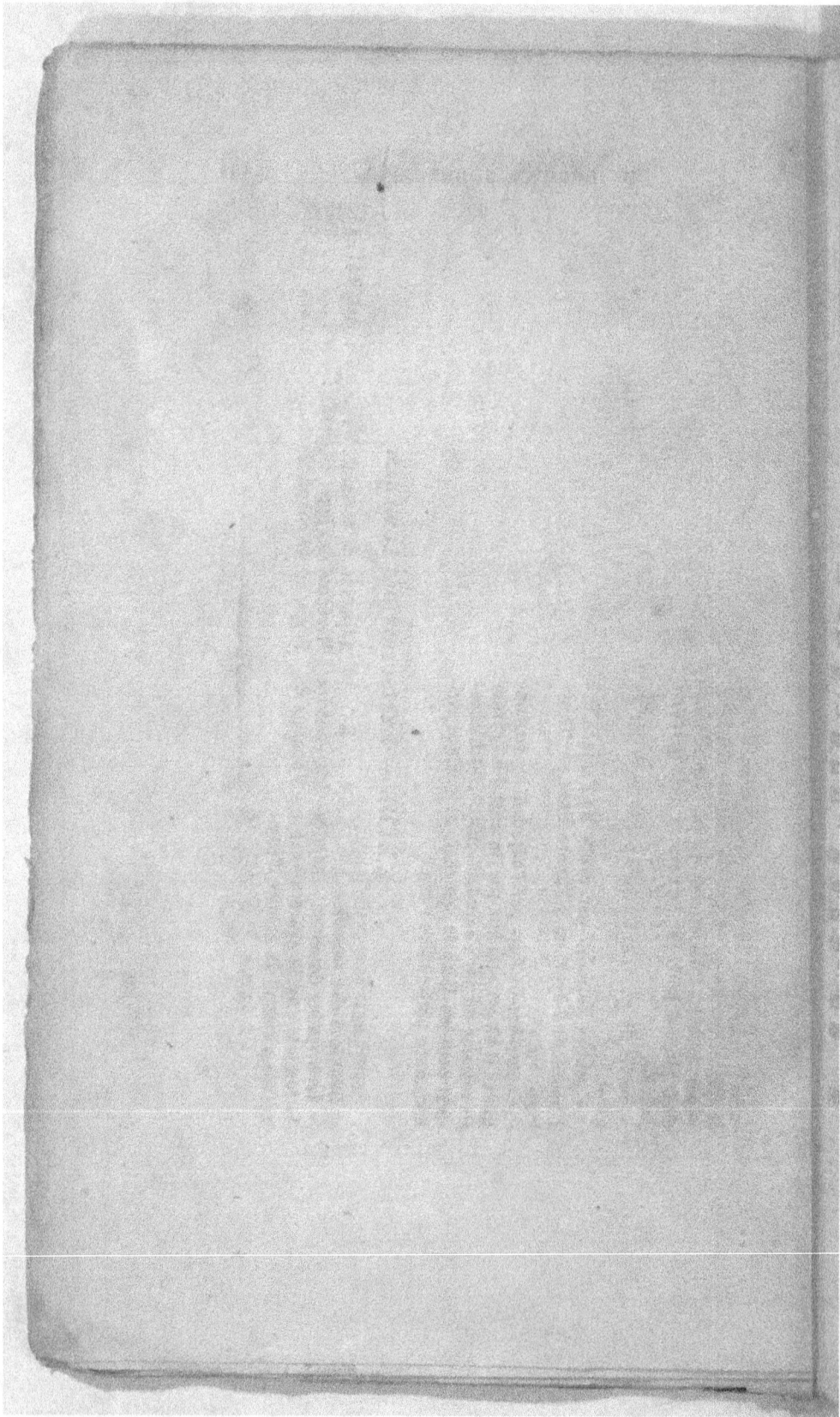

ORDONNANCE

DU ROI

SUR LE SERVICE INTÉRIEUR

DES TROUPES A CHEVAL.

———◆———

LOUIS-PHILIPPE, Roi des Français,

A tous présents et à venir, salut :

Vu l'ordonnance du 13 mai 1818 sur le service intérieur ;

Considérant les changements apportés depuis cette ordonnance dans l'organisation, le service, l'instruction, la tenue et l'administration intérieure des régiments ;

Voulant d'ailleurs établir des principes qui concilient de plus en plus les intérêts du service, la dignité des officiers, la considération due aux sous-officiers et le bien-être du soldat ;

Sur le rapport de notre président du conseil, ministre secrétaire d'Etat au département de la guerre,

Nous avons ordonné et ordonnons ce qui suit :

1

PRINCIPES GÉNÉRAUX DE LA SUBORDINATION.

La discipline faisant la force principale des armées, il importe que tout supérieur obtienne de ses subordonnés une obéissance entière et une soumission de tous les instants; que les ordres soient exécutés littéralement, sans hésitation ni murmure : l'autorité qui les donne en est responsable, et la réclamation n'est permise à l'inférieur que lorsqu'il a obéi.

Si l'intérêt du service demande que la discipline soit ferme, il veut en même temps qu'elle soit paternelle; toute rigueur qui n'est pas de nécessité, toute punition qui n'est pas déterminée par le règlement, ou que ferait prononcer un sentiment autre que celui du devoir, tout acte, tout geste, tout propos outrageant d'un supérieur envers son subordonné, sont sévèrement interdits. Les membres de la hiérarchie militaire, à quelque degré qu'ils y soient placés, doivent traiter leurs inférieurs avec bonté, être pour eux des guides bienveillants, leur porter tout l'intérêt et avoir envers eux tous les égards dus à des hommes dont la valeur et le dévouement procurent leurs succès et préparent leur gloire.

La subordination doit avoir lieu rigoureusement de grade à grade; l'exacte observation des règles qui la garantissent, en écartant l'arbitraire, doit maintenir chacun dans ses droits comme dans ses devoirs.

Le cavalier doit obéir au brigadier, le brigadier au fourrier (1) et au maréchal des logis, le fourrier et le maréchal des logis au maréchal des logis chef, le maréchal des logis chef à l'adjudant, l'adjudant au sous-lieutenant, le sous-lieutenant au lieutenant en second, le lieutenant en second au lieutenant en premier, le lieutenant en premier à l'adjudant-major et au capitaine en second, le capitaine en second au capitaine-commandant, l'adjudant-major (2) et le capitaine-commandant au major et au chef d'escadrons, le major et le chef d'escadrons au lieutenant-colonel, le lieutenant-colonel au colonel, le colonel au maréchal de camp (3), le maréchal de camp au lieutenant général, le lieutenant général au lieutenant général commandant en chef et au maréchal de France (4).

---

(1) Le brigadier fourrier commande à tous les brigadiers et obéit au maréchal des logis fourrier et aux maréchaux des logis (*Ordonn. du 16 mars 1838, sur l'avancement*).

(2) Les lieutenants d'état-major détachés dans les corps de troupe et investis des fonctions d'adjudant-major en vertu de l'avis motivé d'un inspecteur général doivent avoir, dans ces fonctions, quelle que soit leur ancienneté de grade, le commandement sur tous les lieutenants du corps (*Déc. min. du 5 juillet 1844, Journ. milit.*, p. 17).

(3) Les titres de général de brigade et de division ont été rétablis par le décret du 28 février 1848.

(4) *Les officiers de santé attachés à un régiment sont*

Indépendamment de cette subordination au grade, la discipline exige, à grade égal, la subordination à l'ancienneté, en tout ce qui concerne le service général et l'ordre public : ainsi plusieurs militaires du même grade, de service ensemble, qu'ils soient ou non du même corps et de même arme, doivent obéissance au plus ancien d'entre eux, comme s'il leur était supérieur en grade (1).

---

subordonnés au colonel et au lieutenant-colonel, ou à l'officier qui les remplace intérimairement.

Les officiers de santé attachés à un escadron formant corps, sont subordonnés au chef de corps, ou à l'officier qui le remplace intérimairement.

L'officier de santé chargé du service sanitaire près d'une partie de corps détachée, est subordonné à l'officier qui commande le détachement.

L'officier de santé qui fait un service de semaine, est subordonné à l'officier supérieur de semaine (Art. 5 du décret organique du 23 mars 1852, Journal milit., p. 223).

Les médecins employés dans un même corps de troupe sont soumis au principe de la subordination du grade inférieur au grade supérieur, en ce qui concerne l'art de guérir et l'exécution du service. A grade égal, l'autorité immédiate est exercée par l'officier de santé le plus ancien de grade (Art. 6 du décret organique du 23 mars 1852, Journal milit., p. 223).

Les vétérinaires prennent rang entre eux, selon leur grade, les classes étant subordonnées les unes aux autres, suivant les règles de la discipline.

Cette hiérarchie est toute spéciale, et ne comporte, ni directement, ni par assimilation, de grade militaire (Art. 6 du décret du 28 janvier 1852, Journal milit., p. 68).

(1) A parité d'ancienneté, le commandement appartient au plus ancien dans le grade précédent (Art. 100 de l'ordonnance du 3 mai 1832).

Même hors du service, les supérieurs ont droit à la déférence et au respect de leurs subordonnés.

Le Roi charge particulièrement les officiers généraux de s'assurer, par une surveillance ferme et constante, de la stricte exécution de ces dispositions, dans les corps sous leurs ordres; et, tout en maintenant l'émulation entre les différents corps et les différentes armes, d'apporter l'attention la plus scrupuleuse à ce que rien n'altère la bonne harmonie et la mutuelle confiance qui leur sont indispensables.

TITRE PREMIER.

FONCTIONS INHÉRENTES A CHAQUE GRADE.

CHAPITRE Ier.

COLONEL.

Attributions générales.

ART. 1er. Les devoirs et l'autorité du colonel s'étendent à toutes les parties du service; il est responsable de la police, de la discipline, de la tenue et de l'instruction du régiment dont le commandement lui est confié; il en dirige l'administration, assisté du conseil d'administration. Sans se livrer à tous les détails, il doit en embrasser l'ensemble ; il veille à ce que les différents grades exercent réellement la part d'autorité qui leur est attribuée, afin que chacun obtienne l'influence et la considération qui lui sont indispensables et trouve, dans l'accomplissement de ses obligations et dans la jouissance de ses droits, un moyen perpétuel d'instruction et d'émulation. L'autorité du colonel doit se faire sentir bien plus par une impulsion régulatrice que par une action immédiate ; elle doit être le recours et l'appui de tous. Le colonel exécute et fait exécuter tout ce qui est prescrit par les ordonnances et règlements, ou ordonné par les officiers généraux sous le commandement desquels le régiment est placé. Il lui est interdit d'y apporter des changements, si ce n'est dans des cas extraordinaires et d'après l'autorisation du maréchal de camp, auquel il soumet ses motifs. Dans tous les cas, ces changements doivent cesser avec les circonstances qui les ont nécessités. Le maréchal de camp est tenu d'en rendre compte au lieutenant général, et celui-ci au ministre, s'il y a lieu.

Devoirs à l'égard des généraux.

2. Quand le régiment fait partie d'une brigade, le colonel doit au maréchal de camp qui la commande, les 1er, 8, 16 et 24 de chaque mois, et plus souvent, si le général le

prescrit, une situation numérique du régiment, suivie d'un rapport sur les mutations, le service et la discipline; le rapport au 1er du mois rend compte en outre de l'état de l'instruction et de l'administration. Le colonel ne doit au maréchal de camp commandant la subdivision qu'une situation numérique, qu'il lui adresse les 1er, 8, 16 et 24 de chaque mois.

Quand le régiment n'est pas embrigadé, le colonel fait, au maréchal de camp commandant la subdivision, les rapports prescrits pour le maréchal de camp commandant la brigade.

Ces situations et rapports sont conformes au modèle A.

Devoirs à l'égard des commandants de place.

3. Dans une place de guerre ou dans une ville où il y a un état-major de place, le colonel reçoit, en ce qui concerne le service de la place, les ordres du commandant de la place; il lui doit les rapports prescrits par l'ordonnance sur le service dans les places et tous ceux que le commandant peut demander extraordinairement.

Le commandant de la place fixe le nombre et la force des postes, des patrouilles et des piquets; il donne les consignes et prend, secondé par les officiers de l'état-major de la place, le commandement de toutes les troupes de service.

Le colonel lui demande, une fois pour toutes, l'autorisation de faire les exercices de détail dans l'intérieur de la place ; il ne peut faire prendre les armes au régiment entier ou à plusieurs escadrons hors de son quartier, ni faire sortir de la place une fraction du corps, pour quelque cause que ce soit, sans l'en avoir prévenu, soit par le rapport du jour, soit la veille, si l'exercice ou la sortie de la place doit avoir lieu avant l'heure du rapport. Le commandant de la place ne peut s'y opposer que pour des motifs graves dont il rend compte sur-le-champ au général sous les ordres duquel il se trouve.

Le colonel ne peut découcher de la garnison sans l'agrément du commandant de la place ; il est tenu de l'informer de son départ, lors même qu'il a obtenu une permission ou un congé.

Nominations faites par le colonel. Demandes soumises aux généraux.

4. Le colonel prononce le passage des cavaliers à la première classe, et nomme, conformément aux lois et ordonnances, aux emplois de brigadier et de sous-officier.

Il fait passer un sous-officier, brigadier ou cavalier, d'un escadron dans un autre, lorsque le bien du service le lui fait juger nécessaire ; il prend à cet égard l'avis du commandant de l'escadron dont le mili-

taire fait partie et celui du chef d'escadrons.

Il rend compte au maréchal de camp des
vacances qui surviennent parmi les officiers,
et lui adresse, lorsqu'il y a lieu, les mémoires de proposition pour leur remplacement. Le maréchal de camp transmet ces
propositions au lieutenant général avec son
avis.

Lorsque le colonel est absent, le lieutenant-colonel prend ses ordres pour les nominations aux grades de brigadier et de
sous-officier, et pour le remplacement aux
emplois d'officiers vacants, à l'égard desquels
il y a lieu de faire des mémoires de proposition ; il prononce le passage d'un escadron
dans un autre et celui des cavaliers de la
seconde à la première classe.

Les autres demandes qui doivent être soumises aux généraux, en faveur des officiers,
sous-officiers et cavaliers, sont faites par le
colonel lorsqu'il est présent, et, en son absence, par l'officier supérieur commandant
le régiment, qui en rend compte au colonel.

En campagne et hors du royaume, toutes
ces nominations, propositions et demandes,
sont faites par l'officier supérieur qui commande le régiment. Dans des escadrons détachés hors de l'arrondissement de l'armée
dont le régiment fait partie, l'officier supérieur commandant ces escadrons nomme aux
grades de brigadier et de sous-officier, pro-

1.

nonce le passage des cavaliers à la première classe et celui d'un escadron dans un autre, et soumet au maréchal de camp sous les ordres duquel il est placé les demandes de congé ou de permission. Au dépôt, l'officier commandant a les mêmes droits à l'égard des fractions du régiment qui s'y trouvent. Ces officiers rendent compte au colonel.

En tout temps, lorsque le colonel est avec une partie du régiment hors de France, les nominations de sous-officiers, brigadiers et cavaliers de première classe, sont faites, dans les escadrons restés en France, par le lieutenant-colonel ; s'il ne commande pas ces escadrons, elles sont faites directement, mais avec l'approbation du maréchal de camp, par le commandant du dépôt, et par l'officier commandant les portions du régiment restées dans l'intérieur. Il en est rendu compte au colonel.

Tableau du service journalier.

5. Le colonel établit un tableau de service et de travail journalier (modèle B) ; ce tableau est transcrit sur les registres d'ordres : une copie en est affichée dans la salle du rapport, et une autre au corps-de-garde.

Ce tableau, qui doit offrir une sage répartition de travail et de repos, est renouvelé aux époques où des modifications dans les heures du travail deviennent nécessaires, par suite des changements de saison ou de circonstances particulières.

Quand le nombre des cavaliers disponibles est assez considérable pour que chaque cavalier n'ait qu'un cheval à panser, le colonel peut demander au maréchal de camp à dispenser son régiment du pansage du matin, afin de faire tourner au profit de l'instruction le temps habituellement consacré à ce pansage.

Pansage du matin. — Abreuvoir.

6. Le colonel peut faire remplacer le pansage du matin par un simple bouchonnage dans les cas suivants :

1° Lorsque l'état de l'atmosphère ne permet pas que le pansage soit fait au dehors, ou que la place manque pour qu'il soit régulièrement fait dans les écuries ;

2° Lorsque le régiment monte à cheval pour des évolutions ou des marches militaires, ou lorsqu'il doit être rassemblé dans la matinée, même à pied, pour une revue, une inspection, ou tout autre service général.

Le colonel décide, selon les localités et la saison, si les chevaux doivent être conduits à l'abreuvoir par escadron ou par peloton.

Inspections et parades.

7. Le colonel passe le dimanche, soit la revue des chambres, soit l'inspection du ré-

giment. Cette inspection a fréquemment lieu à cheval, soit pour la totalité, soit pour une partie du régiment.

Dans les villes où il n'y a pas d'état-major de place, le colonel réunit le corps d'officiers, au moins une fois par semaine, à la garde montante.

A la parade ou à la garde montante, les officiers se placent en avant du peloton des sous-officiers, faisant face à la troupe et dans l'ordre suivant :

ÉTAT-MAJOR.

1er RANG.	2e RANG.
Capitaine instructeur,	Porte-étendard ,
Trésorier,	Officier adjoint au trésorier,
Officier d'habillement ,	Chirurgien aide-major.
Chirurgien-major.	

ESCADRONS.

Capitaine commandant,	Lieutenant en second ,
Capitaine en second,	1er Sous-lieutenant ,
Lieutenant en premier,	2e Sous-lieutenant.

Les chefs d'escadrons à deux pas en avant des officiers sous leurs ordres ;

Le major à deux pas en avant des officiers de l'état-major ;

Le colonel au centre, à quatre pas en avant des chefs d'escadrons; le lieutenant-colonel à sa hauteur, du côté opposé à celui par lequel arrive la troupe en défilant; les adjudants-majors derrière ces officiers supérieurs.

Toutes les fois que le corps d'officiers s'assemble, la réunion a lieu dans l'ordre ci-dessus.

Ordres donnés par l'intermédiaire du lieutenant-colonel et du major.

8. Le colonel fait , autant que possible, passer tous ses ordres pour le service et la

discipline par le lieutenant-colonel, et pour l'administration par le major. Lorsqu'il donne des ordres directement aux adjudants-majors ou aux officiers comptables, ceux-ci en informent le lieutenant-colonel ou le major.

Droits et obligations du colonel en matière d'administration.

9. Quoique président du conseil d'administration, le colonel doit s'abstenir de donner, de son autorité privée, des ordres en matière d'administration, les membres du conseil étant également responsables.

Lorsqu'il a suspendu l'effet d'une délibération qui lui paraît contraire aux ordonnances ou aux intérêts du régiment, il en réfère au sous-intendant militaire, qui en informe le maréchal de camp, lorsque la tenue générale, le service et la discipline peuvent y être intéressés.

Il se fait rendre compte fréquemment, par le major, des détails de l'administration, afin de s'assurer si les intérêts de l'Etat et du soldat sont l'objet d'une surveillance constante et éclairée.

Il passe, chaque année, deux revues générales de l'habillement, du grand et du petit équipement, du harnachement, de l'armement, des ateliers et des magasins. L'une de ces revues doit précéder l'inspection générale.

Congés.

10. Le colonel et le lieutenant-colonel ne peuvent pas être simultanément en congé.

CHAPITRE II.

LIEUTENANT - COLONEL.

Attributions générales.

11. Le lieutenant-colonel est l'intermédiaire habituel du colonel dans toutes les parties du service, sans qu'il soit dérogé à ce qui est prescrit à l'art. 8, en matière d'administration. Il remplace le colonel absent. Il transmet tous ses ordres pour ce qui concerne le service, la discipline, la tenue et l'instruction; il veille à leur stricte exécution. Lorsqu'il rédige lui-même les ordres, il exprime que ce sont ceux du colonel, afin qu'il n'y ait dans le service qu'une seule impulsion (1).

Rapport au colonel absent.

12. Lorsque le colonel est absent, le lieutenant-colonel lui adresse toutes les semaines, sur le service et la discipline du régiment, un rapport général qui est le sommaire des rapports journaliers. Il lui rend en même temps un compte succinct des ordres reçus et des dispositions prises en conséquence.

Il reçoit, comme président du conseil, les rapports du major sur l'administration; il en envoie l'analyse au colonel.

---

(1) Il est membre du conseil d'administration (*Art. 9 de l'Ordonn. du 10 mai 1844*).

Ces rapports de semaine ne dispensent pas le lieutenant-colonel d'écrire extraordinairement au colonel sur tout objet urgent.

Il fait exécuter les ordres que le colonel a laissés et ceux qu'il lui adresse pendant son absence ; si un motif puissant s'y oppose, il en réfère au maréchal de camp ou au sous-intendant militaire, selon le cas ; il en rend compte au colonel.

Registres tenus par le lieutenant-colonel, et surveillance des maréchaux de camp à cet égard.

13. Le lieutenant-colonel tient le registre d'ordres du régiment. Il exige que celui de chaque escadron soit tenu avec régularité, qu'il soit exactement communiqué aux officiers et signé par eux, et que chaque officier prenne connaissance de tout ce qui y a été inscrit depuis son absence. Chaque ordre a en marge un sommaire qui sert à former la table analytique, et un numéro d'ordre dont la série se renouvelle tous les ans au 1er janvier.

Les registres d'ordres des escadrons sont établis pour une année et sont conservés jusqu'à la fin de l'année suivante ; ils sont alors brûlés en présence du lieutenant-colonel, après qu'il a fait transcrire en tête des nouveaux registres les ordres généraux qu'il peut être utile de conserver. Le registre d'ordres tenu par le lieutenant-colonel est conservé aux archives du régiment.

Le lieutenant-colonel tient en outre :

1° Le registre du personnel des officiers (modèle C), sur lequel il inscrit à mesure toutes les punitions qui leur sont infligées, et, au moins deux fois par an, des notes sur leur conduite militaire et privée. Le lieutenant-colonel, lorsqu'il s'absente, remet ce registre au colonel ; s'il arrivait que le colonel et le lieutenant-colonel fussent absents en même temps, le registre serait cacheté et déposé aux archives du corps jusqu'à la rentrée de l'un de ces deux officiers supérieurs. L'officier commandant le régiment tiendrait alors une note exacte des punitions infligées, pendant leur absence, aux officiers (1) ;

2° Le double du tableau d'avancement, arrêté à l'inspection générale, des sujets propres aux grades de brigadier et de sous-officier, et un autre tableau des sujets désignés par les capitaines-commandants, les chefs d'escadrons et le major, comme susceptibles d'être portés au prochain tableau d'avance-

---

(1) Dans tout escadron ou compagnie formant corps, le chef de ce corps tient lui-même le registre du personnel des officiers, prescrit par l'art. 43 de l'ordonnance du 2 novembre 1833, et, lorsqu'il doit s'absenter, il dépose ce registre, après l'avoir cacheté, aux archives du corps. L'officier qui prend le commandement, par intérim, de l'escadron ou de la compagnie, tient alors une note exacte des punitions infligées, et la remet au chef titulaire, à sa rentrée au corps, ou à l'officier qui viendrait le remplacer (*Décis. royale du 18 oct.* 1843, *Journ. milit.*, p. 240).

ment; ces militaires sont l'objet de la surveillance particulière du lieutenant-colonel;

3° Le journal des marches et des opérations militaires, sur lequel il inscrit toutes les actions qui peuvent honorer le régiment ou ceux qui en font partie.

Rassemblement du régiment.

14. Le lieutenant-colonel veille à ce que les rassemblements à pied et à cheval aient lieu conformément à l'ordonnance sur les exercices et les évolutions.

Officiers malades.

15. Les officiers qui ne peuvent faire leur service pour cause d'indisposition sont tenus de garder la chambre pendant au moins vingt-quatre heures; les capitaines en second, les lieutenants et sous-lieutenants en informent sur-le-champ le capitaine commandant; les capitaines commandants, leur chef d'escadrons; les officiers comptables, le major. Les officiers supérieurs, le capitaine instructeur, les adjudants-majors, le porte-étendard et les chirurgiens préviennent le lieutenant-colonel. Les officiers de semaine doivent encore prévenir leur supérieur immédiat dans le service de semaine; tout officier de semaine malade est remplacé dans ce service. Il est toujours fait rapport au lieutenant-colonel des officiers qui ne peuvent pas faire leur service; le lieutenant-colonel

charge un des chirurgiens de les voir et de lui rendre compte de leur état; il en informe le colonel au rapport journalier, et plus tôt, s'il y a lieu.

Détails de police de la place.

16. Lorsque le régiment est seul dans une garnison où il n'y a pas de commandant de place, le général, ou à son défaut le colonel, charge le lieutenant-colonel de remplir sous ses ordres les fonctions de commandant. Si le lieutenant-colonel commande le régiment, ces fonctions sont données au plus ancien chef d'escadrons. Dans aucun cas, le major ne peut en être chargé.

Quand il y a plusieurs régiments, le plus ancien lieutenant-colonel, quelle que soit son arme, est chargé de ce service. Si ce lieutenant-colonel se trouve commander le régiment, la police de la place est donnée au plus ancien des autres lieutenants-colonels.

Cas d'absence.

17. Lorsque le lieutenant-colonel est absent ou malade, il est remplacé dans les détails du service journalier par le chef d'escadrons de semaine. Les officiers supérieurs soumettent alors directement au colonel les demandes et les rapports qui ordinairement doivent lui parvenir par l'intermédiaire du lieutenant-colonel.

Cas de partage du régiment.

18. Lorsque le régiment est divisé, le lieu-tenant-colonel peut, avec l'approbation du maréchal de camp, être placé à la tête des escadrons où n'est pas le colonel, si l'intérêt du service l'exige.

Dans ce cas, il a près de lui un adjudant-major ou un adjudant, et, au besoin, l'un et l'autre.

CHAPITRE III.

CHEFS D'ESCADRONS.

Surveillance générale.

19. Les chefs d'escadrons surveillent la discipline, le service, la tenue, l'entretien des effets de toute nature, les chambres et les ordinaires des escadrons sous leurs ordres.

Ils dirigent, sous les ordres du lieutenant-colonel, l'un l'instruction à pied, l'autre l'in-struction à cheval (1).

Ordinaire.

20. Ils s'assurent de temps à autre si les livrets d'ordinaire sont tenus avec soin; si tous les articles de recettes et de dépenses y sont inscrits; si les retenues faites aux tra-vailleurs et aux garnisaires ou provenant des punitions y sont versées régulièrement; si la

_____

(1) Un des chefs d'escadrons fait partie du Conseil d'ad-ministration (*Art.* 9 *et* 11 *de l'Ordonn. du* 10 *mai* 1844).

nourriture est saine ; si les centimes de poche
sont payés exactement ; enfin, si les capitaines apportent à la surveillance de cette
partie importante du service toute la sollicitude qu'elle réclame. Ils s'assurent en outre
que les capitaines provoquent de tout leur
pouvoir la concurrence entre les bouchers,
boulangers et autres fournisseurs, afin d'obtenir les denrées de la meilleure qualité et au
plus bas prix possible ; que ces officiers empêchent par de fréquentes investigations
qu'aucune remise, qu'aucun arrangement illicite n'ait lieu entre les fournisseurs et les
chefs d'ordinaire ; qu'ils les font cesser lorsqu'ils en découvrent ; qu'ils exigent alors
que le fournisseur soit changé ; qu'ils punissent sévèrement le chef d'ordinaire, et de-
mandent toujours la suspension et, au besoin,
la cassation du brigadier coupable ; et, enfin,
qu'ils donnent connaissance aux fournisseurs
de ces dispositions, ainsi que de l'obligation
imposée aux chefs d'ordinaire de payer comptant.

Masses individuelles ; revues.

21. Ils surveillent scrupuleusement les capitaines-commandants dans leurs devoirs journaliers ou périodiques à l'égard de la masse individuelle. A cet effet, ils les questionnent
fréquemment. Dans leurs revues comme dans
leurs visites des chambrées, ils se font présenter des livrets et ouvrir des porte-man-

teaux ; en un mot, ils s'assurent, par toutes les investigations convenables, que les intérêts individuels sont l'objet de la sollicitude continue des capitaines et des officiers de peloton.

Dans les détachements, ou lorsque le major est absent, ils le remplacent dans la surveillance à exercer sur la tenue des livres d'escadron.

Ils peuvent en tout temps passer, dans les escadrons sous leurs ordres, toutes les revues qu'ils jugent utiles pour s'assurer que l'habillement, le grand et le petit équipement, le harnachement et l'armement, sont en bon état, et que les sous-officiers et les cavaliers sont pourvus de tous les effets prescrits par les règlements. Ils préviennent de ces revues le lieutenant-colonel et lui rendent compte de leur résultat ; le lieutenant-colonel en fait rapport au colonel.

Cas de partage du régiment.

22. Lorsque le régiment est divisé, chaque chef d'escadrons reste avec ses escadrons. Si les escadrons sont détachés séparément, le colonel décide avec lequel doit marcher le chef d'escadrons, et si le service exige qu'il soit accompagné par un adjudant.

SERVICE DE SEMAINE.

Dispositions générales.

23. Les chefs d'escadrons alternent pour le service de semaine ; quand il n'y en a

qu'un de présent, il en demeure seul chargé.

Le service de semaine commence, pour tous les grades, le dimanche après la garde montante, et finit le dimanche suivant.

La direction de ce service appartient au chef d'escadrons de semaine.

Dès que les escadrons sont sous les armes, les officiers, les sous-officiers et les brigadiers de semaine rentrent dans les fonctions habituelles de leur grade.

Garde montante; détachements; piquets.

24. Le chef d'escadrons de semaine se rend à la garde montante. Lorsqu'elle est commandée par un officier, il en passe l'inspection. La garde défile devant lui, au commandement du capitaine, si elle est commandée par un officier de ce grade plus ancien que l'adjudant-major de semaine, et au commandement de l'adjudant-major, si elle est aux ordres d'un capitaine moins ancien que lui, ou d'un officier d'un grade inférieur. Quand elle est commandée par un sous-officier, elle défile au commandement de l'adjudant; dans ce cas, le chef d'escadrons n'est tenu de se trouver à la garde montante que lorsque le bien du service l'exige.

Le chef d'escadrons inspecte, avant leur départ, tous les détachements commandés par des officiers; il les inspecte aussi à leur retour, lorsque leur absence a été de plus de vingt-quatre heures.

Il inspecte les piquets toutes les fois qu'il le juge nécessaire.

Appels ; pansages.

25. Il assiste habituellement aux appels et aux pansages, et quelquefois au repas des chevaux.

Il détermine, suivant la saison, le temps et les localités, si le pansage doit être fait dans les écuries ou dehors.

Après l'appel du soir, il ordonne des contre-appels quand il le croit utile.

Visites des chambres.

26. Il visite souvent les chambres, particulièrement aux heures des repas, et rend les capitaines et subsidiairement les officiers de peloton responsables de leur bonne tenue ; il leur fait prescrire de s'y trouver pendant sa visite, lorsqu'il le juge convenable.

Il visite également les cuisines, l'infirmerie et les salles de discipline.

CHAPITRE IV.

MAJOR.

Attributions générales.

27. Le major est membre et rapporteur du conseil d'administration ; il en partage la responsabilité ; il est spécialement chargé

de surveiller et de contrôler toutes les parties de l'administration et de la comptabilité; il exerce, à l'égard des capitaines-commandants, du trésorier et de l'officier d'habillement, les droits du conseil; il partage, dans les cas prévus par les règlements d'administration, la responsabilité des officiers comptables.

Les dépêches et décisions sur l'administration lui sont remises par le président du conseil, et le major donne aux officiers comptables les ordres et les instructions nécessaires pour en assurer l'exécution.

Il veille à la rédaction des délibérations, lettres, rapports, états, attestations, pièces de comptabilité, en un mot, de tout ce qui doit être signé, soit par le conseil, soit par le président seulement.

Il soumet au président les affaires sur lesquelles le conseil peut avoir à délibérer. Il fait le rapport de toutes celles que le président met en délibération; il donne les éclaircissements et produit les documents dont le conseil ou chaque membre peut avoir besoin.

Il donne lecture au conseil des dépêches relatives à l'administration, reçues dans l'intervalle des séances; il rend compte des dispositions qu'elles ont nécessitées, ou propose celles qu'elles paraissent devoir exiger.

Il tient les contrôles annuels (1).

Mutations.

28. Il adresse un état des mutations et mouvements au sous-intendant militaire, tous les jours, si celui-ci est dans la place, et tous les cinq jours, s'il réside ailleurs.

Tous les jours il fait présenter au sous-intendant militaire, ou à son suppléant, par un fourrier *de semaine,* les hommes *nouvellement* admis, ou rentrés après une absence quelconque, pendant les vingt-quatre heures. Le fourrier est porteur des pièces justificatives des mutations.

Les officiers présentent eux-mêmes au visa du sous-intendant militaire, immédiatement après leur arrivée, les pièces dont ils sont porteurs (2).

Distributions d'effets et d'armes.

29. Les bons des capitaines commandants, pour des effets d'habillement, de grand équipement, de harnachement et d'armement, sont soumis à l'approbation du major; les bons au compte de la masse individuelle sont soumis seulement à son visa.

---

(1) Paragraphe ajouté par la décision royale du 8 juillet 1835 (*Journ. milit.*, p. 39).

(2) Les mots en lettres italiques ont été ajoutés par la décision royale du 8 juillet 1835.

Subsistances.

30. Le major vise les états d'effectif servant à la perception des subsistances et du chauffage.

Vérifications relatives à l'administration et à la comptabilité.

31. Il a le droit de faire, sans attendre les époques fixées par les règlements d'administration, toutes les vérifications qu'il croit utiles concernant les fonds, les registres, les magasins du corps, la tenue des livres d'escadron et leur identité avec les livrets des hommes. Cette vérification est de rigueur à la fin de chaque trimestre; le major en fait un rapport écrit au colonel (1).

---

(1) *Le major veille, sous l'autorité du président du conseil d'administration, à l'exécution des délibérations.*

Il exerce une surveillance permanente sur tous les détails de l'administration, et sur les recettes que fait le trésorier.

Il vérifie les dépenses faites par cet officier, et la situation de sa caisse.

Il est dépositaire du cachet à apposer sur les échantillons et modèles d'effets.

Il surveille les mouvements du magasin, prononce sur les contestations relatives à l'imputation du prix des réparations.

Il transmet au trésorier les états de mutations.

Il signe et notifie les extraits des délibérations du conseil.

Il vérifie les pièces soumises à la signature du conseil d'administration ou du président.

Il est personnellement responsable, sauf son recours contre les officiers comptables :

1° Du préjudice résultant pour l'Etat, des supputa-

Recrutement, déserteurs, état civil.

32. Il est chargé de la correspondance relative au recrutement, aux poursuites contre les déserteurs, et à la recherche des hommes existant aux hôpitaux externes, ou absents depuis plus de six mois. Il a la surveillance des actes de l'état civil.

Casernement; écoles.

33. Il dirige l'officier chargé du casernement dans les dispositions relatives à ce service. Il dirige aussi les écoles.

Renseignements sur l'administration.

34. Il est tenu de donner au lieutenant-colonel tous les renseignements que celui-ci lui demande sur l'administration, lors même que le colonel est au régiment.

Commandement du régiment ou du dépôt; évolutions, instruction.

35. Le major concourt avec les chefs d'es-

---

tions inexactes ou erreurs de calcul dans les pièces de recettes, dépenses ou consommations, et dans les registres tenus par le trésorier et l'officier d'habillement, s il néglige de les faire redresser ou de les signaler en temps utile au conseil ;

2° Des conséquences de l'inobservation des devoirs qui lui sont imposés par les dispositions qui précèdent ;

3° Des distributions irrégulières faites d'après des bons revêtus de son approbation (Analyse des art. 55 à 66 de l'ordonn. du 10 mai 1844, sur l'administration et la comptabilité des corps, Journal milit., p. 318 et 319).

cadrons pour le commandement du régiment, d'après son ancienneté. Il remplace dans les évolutions un chef d'escadrons absent. Il peut être éventuellement appelé à la surveillance de l'instruction.

Lorsque le régiment est sur le pied de guerre, le major a le commandement du dépôt. Si un chef d'escadrons se trouve au dépôt avec un ou plusieurs escadrons sous ses ordres, le commandement supérieur appartient au plus ancien de ces deux officiers.

Cas d'absence.

36. Lorsque le major est absent, ou lorsqu'il a le commandement du régiment, il est suppléé, en ce qui n'est pas contraire aux dispositions des art. 21 et 106, par un capitaine ou par un adjudant-major du grade de capitaine, propre aux fonctions de major, et désigné d'avance par l'inspecteur général, sur la proposition du colonel.

Il ne peut, dans aucun cas, être remplacé par le trésorier ni par l'officier d'habillement.

CHAPITRE V.

CAPITAINE INSTRUCTEUR.

Attributions.

37. Le capitaine instructeur est chargé,

sous la direction du lieutenant-colonel, des chefs d'escadrons et du major, chacun en ce qui le concerne,

1° De l'instruction, tant à pied qu'à cheval, de la troisième classe, jusqu'à l'école du peloton inclusivement ;

2° De l'exercice de l'escadron d'instruction ;

3° De l'instruction pratique des lieutenants et sous-lieutenants réunis, à pied et à cheval ;

4° De la direction spéciale du travail des instructeurs réunis et du peloton modèle ;

5° De la théorie des lieutenants et sous-lieutenants, de celle des instructeurs, et de la direction de la théorie des sous-officiers et brigadiers (1) ;

6° Du classement, de la direction et de l'instruction des chevaux de remonte ;

7° De la surveillance de l'infirmerie et de la forge.

Un des sous-officiers attachés à l'instruction est à la disposition du capitaine instructeur pour la tenue des écritures.

Par qui remplacé.

38. Le colonel désigne un capitaine en

---

(1) Les théories faites d'une inspection à l'autre sont consignées sur un registre établi à cet effet (*Décis. minist. du 31 décembre* 1844, p. 575).

second pour aider et suppléer au besoin le capitaine instructeur. Cet officier doit avoir suivi les cours de l'école de cavalerie ; à défaut de capitaine en second remplissant cette condition, l'instructeur suppléant est choisi parmi les lieutenants.

Le même officier peut être désigné plusieurs années de suite pour seconder le capitaine instructeur.

Rapports.

39. Le premier jour de chaque mois, le capitaine instructeur remet à chaque chef d'escadrons, en ce qui concerne les escadrons sous ses ordres, un rapport,

1° Sur l'instruction de la troisième classe ; il tient une note exacte du nombre de leçons données aux cavaliers qui en font partie ;

2° Sur l'instruction des lieutenants, des sous-lieutenants et du peloton modèle ;

3° Sur l'instruction des chevaux de remonte.

Il remet au major, à la même époque, un rapport,

1° Sur le service des vétérinaires et de l'infirmerie ;

2° Sur l'état sanitaire et les mutations des chevaux de remonte.

Il rend compte au major des observations qu'il a pu faire sur les fourrages délivrés aux chevaux de remonte, et lui propose les substitutions qu'il croit nécessaires.

Réception, classement et instruction des chevaux de remonte.

40. Lors de l'arrivée des chevaux de remonte, le capitaine instructeur est toujours appelé à l'examen de réception qui en est fait. Les chevaux de remonte sont répartis et immatriculés de suite dans les escadrons; mais ils sont réunis en un seul détachement, dans une ou plusieurs écuries spéciales, sous la surveillance du capitaine instructeur, et d'un nombre suffisant d'officiers et de sous-officiers pris parmi ceux qui se trouvent attachés à l'instruction.

Chaque escadron fournit la quantité de cavaliers nécessaire au pansage des chevaux de remonte; ils sont pris parmi les hommes instruits, et de préférence parmi ceux qui sont démontés. Le nombre en est calculé de manière à ce qu'un homme n'ait que deux chevaux à soigner, ou trois au plus.

Ces cavaliers sont, autant que possible, exempts du service de garde. Aucun d'eux ne cesse d'être attaché aux chevaux de remonte que par suite d'une autorisation demandée au rapport.

Les chevaux de remonte sont classés dans les écuries en raison de leur santé, de leur force et des soins qu'ils exigent, et non par lot appartenant à chaque escadron.

Le lieutenant-colonel assisté du chef d'escadrons chargé de l'instruction à cheval et
du capitaine instructeur fait, lorsqu'il y a
lieu, un examen des chevaux de remonte, et
propose au colonel l'admission dans les escadrons de ceux qui sont jugés en état d'y
entrer.

Le maréchal de camp est informé immédiatement par le colonel de l'arrivée des
chevaux de remonte. Il se les fait présenter
lorsqu'il est sur les lieux ; dans tous les cas,
le colonel lui adresse, dans la seconde quinzaine qui suit leur arrivée, un rapport contenant le résultat de l'examen réitéré qui en
a été fait (1).

---

(1) Les chevaux de remonte seront, dès leur arrivée au
corps, dirigés et répartis dans les escadrons constitutifs.

Un officier, ayant suivi les cours de l'école de cavalerie,
sera spécialement chargé de diriger l'instruction dans les
escadrons détachés ; il adressera au capitaine instructeur
des rapports hebdomadaires, qui le mettront à même de
tenir au courant le contrôle des classes d'instruction.

Lorsqu'un escadron détaché rentrera à l'état-major, le
lieutenant colonel s'assurera du progrès de l'instruction
pendant la durée du détachement, et, s'il reconnaissait quelque irrégularité dans la progression du travail, il donnerait
des ordres au capitaine instructeur pour que la rectification
eût lieu immédiatement.

Toutes les fois donc qu'un escadron ou plusieurs escadrons devront être détachés de l'état-major, la réunion
complète de l'escadron, sous les ordres du capitaine commandant est établie en principe. Néanmoins, lorsque le
nombre des chevaux de remonte sera peu considérable, ou
lorsque la garnison occupée par un escadron détaché, ne

Distributions.

41. Les rations des chevaux de remonte sont perçues à part et choisies dans les meilleures qualités des magasins.

Un officier ou un sous-officier, suivant la force du détachement, est chargé de la distribution des fourrages des chevaux de remonte.

Si, dans la composition de la ration, il y a, par suite de circonstances relatives aux localités, des substitutions d'une nature de fourrages à une autre, ces changements n'ont pas lieu, autant que possible, pour les chevaux de remonte.

Promenades.

42. Le premier mois de l'arrivée des chevaux de remonte, le capitaine instructeur les fait promener tous les jours au moins pen-

---

réunira pas les conditions désirables pour l'instruction et la conservation des jeunes chevaux, ou enfin, lorsqu'en raison de leur jeune âge ou de leur état de santé, les chevaux de remonte auront besoin d'être placés sous la surveillance spéciale du capitaine instructeur et du vétérinaire en premier, le colonel pourra les maintenir à l'état-major, après s'y être fait autoriser par le général commandant la division.

Ces nouvelles dispositions ne sauraient s'appliquer qu'aux escadrons constitutifs et ne concernent, en aucune façon, les escadrons mobilisés, soit pour la guerre, soit pour un camp de manœuvres, ou faisant partie de brigades actives (*Extrait de la circulaire du 14 mars 1854, Journal milit.*, p. 89).

dant une heure ; il prend les ordres du lieutenant-colonel pour les exercices auxquels
ils doivent être soumis pendant les mois suivants.

Ferrage et harnachement.

43. Les escadrons sont chargés du ferrage
de leurs chevaux de remonte.

Le harnachement complet des chevaux de
remonte est confié aux cavaliers désignés
pour les panser : il est porté à leur nom sur
les livres d'escadron.

Jusqu'au moment où les chevaux de remonte entrent dans les escadrons, le capitaine instructeur est responsable de la manière dont ils sont embouchés : il l'est également de la manière dont leur harnachement
est ajusté, entretenu et réparé.

Le capitaine instructeur signe les bons de
réparations, et, lorsqu'elles sont imputables
au compte de l'homme, ces bons, avant d'être
remis à l'officier d'habillement, sont envoyés
au capitaine commandant pour qu'il en prenne
note et qu'il les vise.

Surveillance de l'infirmerie ; abatage de chevaux.

44. Le capitaine instructeur est chargé de
la direction de l'infirmerie (1). Il est secondé

---

(1) Le capitaine instructeur n'a plus que la surveillance
de l'infirmerie. Le vétérinaire en a la direction (*Art. 7 du
règlement du 12 juin 1852*).

dans les détails de ce service par un des officiers attachés aux chevaux de remonte.

Les vétérinaires sont sous les ordres du capitaine instructeur pour le service de l'infirmerie. Aussitôt qu'ils ont reconnu la maladie dont un cheval est affecté, le capitaine instructeur tient la main à ce qu'ils fassent les opérations et à ce qu'ils administrent les médicaments jugés nécessaires.

Les cavaliers pour le service de l'infirmerie sont choisis parmi ceux dont les chevaux sont à l'infirmerie.

Aucune opération importante pour le traitement des chevaux à l'infirmerie ne se fait sans l'approbation du capitaine instructeur, qui en fait la demande et en rend compte par son rapport journalier (1).

Lorsqu'un cheval doit être abattu, le capitaine instructeur en soumet la proposition au colonel qui donne ses ordres. Si l'abatage est demandé pour cause de maladie, le colonel fait un rapport au maréchal de camp, afin d'obtenir son autorisation (2).

Dans l'un et l'autre cas, le colonel prévient le sous-intendant pour qu'il *puisse assister à la vérification de l'état du cheval malade*, et

---

(1) *Voir* au chap. *Vétérinaires*, l'art. 8 du règlement du 12 juin 1852, qui a modifié ce paragraphe.

(2) *Voir* au même chapitre, *Vétérinaires*, l'art. 14 du même règlement qui a modifié cet article.

dresser, s'il y a lieu (1), procès-verbal de la perte.

Abonnements.

45. Le capitaine instructeur propose au major les abonnements à passer pour les médicaments, ainsi que ceux à passer pour la ferrure des chevaux de troupe et d'officiers (2).

Maréchallerie.

46. Le capitaine instructeur exerce une surveillance constante sur les travaux de la forge. Il veille à la qualité des fers, à leur légèreté et au bon emploi des clous.

Il exige que les maréchaux ferrants soient pourvus des ustensiles que l'Etat ne fournit pas à la forge, et qu'ils aient toujours une quantité suffisante de clous, de fers forgés et de lopins, pour les besoins imprévus (3).

Fonctions au dépôt.

47. Lorsque le régiment est formé sur le pied de guerre, le capitaine instructeur, en l'absence d'un autre capitaine, remplit au dépôt, à l'égard des fractions d'escadrons, les fonctions de capitaine commandant.

---

(1) Les mots en caractère italique ont été ajoutés par la décision royale du 8 juillet 1835 (*Journ. milit.*, p. 39).

(2) L'abonnement a été supprimé par la décision ministérielle du 24 juillet 1843.

(3) *Voir* au chapitre *Vétérinaires* l'art. 19 du règlement du 12 juin 1852, qui a modifié l'art. 46.

En l'absence de tout officier supérieur et d'un capitaine plus ancien que lui, le capitaine instructeur a le commandement du dépôt.

CHAPITRE VI.

ADJUDANTS-MAJORS.

Attributions.

48. Les adjudants-majors sont chargés des détails de la police générale et du service commun à tous les escadrons, mais ils restent étrangers à leur police intérieure et à leur administration.

Police des garnisons.

49. Dans les garnisons où il n'y a pas d'état-major de place, les adjudants-majors, secondés par les adjudants, remplissent, sous la direction du lieutenant-colonel, des fonctions analogues à celles des adjudants de place.

Cas d'absence.

50. Un adjudant-major absent est remplacé par un des capitaines en second, désigné à cet effet par le colonel. Ce capitaine est alors exempt de tout autre service. Lorsque les capitaines en second présents au régiment se trouvent commander chacun un escadron, l'adjudant-major est remplacé par un lieutenant en premier.

SERVICE DE SEMAINE.

Devoirs généraux.

51. Les adjudants-majors alternent pour le service de semaine.

L'adjudant-major de semaine a pour supérieur immédiat le chef d'escadrons de semaine ; il dirige et surveille le service des lieutenants, des sous-lieutenants et des sous-officiers de semaine.

Le service, la garde du quartier, la police des prisons du quartier, l'exactitude des signaux, les écuries en ce qui concerne les devoirs des maréchaux des logis et brigadiers de semaine et des gardes d'écurie, la propreté dans les cours et à l'extérieur, concernent directement l'adjudant-major de semaine.

En prenant le service, il reçoit de celui qu'il relève : 1° l'état des officiers, sous-officiers et brigadiers qui entrent en semaine avec lui, et la note des ordres et consignes dont l'exécution a besoin d'être particulièrement surveillée ; 2° le contrôle pour commander le service des officiers, selon les différents tours déterminés par l'ordonnance sur le service des places. Ce contrôle est établi sur un livret coté et paraphé par le lieutenant-colonel ; l'adjudant-major y inscrit nominativement tous les tours de service accomplis par les officiers ; il indique en vertu de quel ordre les détachements ont été fournis, ainsi que la date du départ et celle de la

rentrée. Le lieutenant-colonel surveille la
tenue de ce livret.

L'adjudant-major de semaine s'absente le
moins possible du quartier ; lorsqu'il le
quitte, il s'assure que l'adjudant y reste pour
donner suite à tous les ordres.

L'adjudant-major de semaine est tenu de
coucher au quartier ; une chambre est dis-
posée à cet effet.

Appels et pansages.

52. Il assiste aux appels et aux pansages ;
il en dirige les détails. Il s'assure fréquemment que les officiers de semaine désignés
pour veiller aux repas des chevaux s'y trouvent avec exactitude.

Les escadrons sont assemblés, à rangs ouverts, pour l'appel qui précède le pansage ;
l'appel se fait dans tous à la fois, au signal
d'un demi-appel que fait sonner l'adjudant-
major.

Dès que l'appel est fini, il est rendu à l'adjudant-major, par les officiers de semaine
réunis autour de lui, au signal d'un second
demi-appel.

Après que l'ordre a été lu dans chaque escadron, l'adjudant-major fait donner le signal pour se rendre aux écuries.

L'appel du soir se fait dans les chambres ;
chaque officier de semaine, accompagné du
maréchal des logis chef, le rend par écrit à
l'adjudant-major, dans la salle du rapport.

L'adjudant-major signe le billet général de cet appel, et le fait porter chez le colonel par un maréchal des logis de semaine; il en fait faire un double pour le commandant de la place, et l'envoie, cacheté, par un cavalier de la garde de police.

Il fait faire, après l'appel du soir, des contre-appels, toutes les fois qu'il le juge nécessaire.

Pendant l'été, lorsqu'après le soleil couché les chevaux doivent, d'après les ordres du chef d'escadrons de semaine, être attachés au dehors des écuries, l'adjudant-major s'assure qu'un des officiers de semaine pour deux escadrons, et un cavalier pour quatre chevaux, restent présents jusqu'à ce que les chevaux soient rentrés. Les dispositions à cet égard sont prescrites aux appels qui précèdent les pansages.

Toutes les fois que le temps le permet, l'adjudant-major donne l'ordre de faire sortir la litière des écuries et de la faire sécher en l'étendant au soleil.

Rapports.

53. Après les pansages, il reçoit les rapports verbaux des lieutenants ou sous-lieutenants et de l'adjudant de semaine, ainsi que des vétérinaires; il fait ensuite le sien au chef d'escadrons de semaine.

Les escadrons sont conduits en ordre aux écuries, et ramenés de même, lorsqu'elles ne sont pas près du logement de la troupe.

Garde montante et ordre ; parade.

54. L'adjudant-major se rend au rassemblement de la garde ; il en passe l'inspection ; il la fait défiler, si elle est commandée par un capitaine moins ancien que lui ou par un autre officier.

Après que la garde a défilé, il indique l'heure des rassemblements, celle des corvées, des classes d'instruction, etc. Il commande le service général, et fait commander par l'adjudant celui des sous-officiers, brigadiers et cavaliers. Il communique les ordres qui n'auraient pas été donnés au rapport, et désigne, à tour de rôle, les officiers de semaine qui doivent assister aux repas des chevaux.

Lorsqu'il y a parade pour la garnison, la garde du régiment est conduite au rendez-vous général, soit par l'adjudant-major, soit par l'officier qui la commande, s'il est capitaine plus ancien que l'adjudant-major, soit enfin par l'adjudant de semaine, s'il n'y a point d'officier.

L'adjudant-major veille à ce que l'adjudant de semaine dicte aux fourriers les ordres qui doivent être transcrits sur les registres.

Détachements ; piquets ; classes d'instruction.

55. Il réunit, secondé par l'adjudant de semaine, les détachements qui sont formés d'hommes de différents escadrons ; il en passe l'inspection, et les remet aux officiers qui doivent en prendre le commandement.

Il a la surveillance du piquet, lorsqu'il n'est pas commandé par un capitaine; il en fait faire fréquemment l'appel.

Il s'assure que les classes d'instruction sont réunies aux heures prescrites.

Promenades des chevaux ; bains ; corvées générales.

56. Lors des rassemblements pour la promenade des chevaux, pour le bain, ou pour une corvée générale, l'adjudant-major de semaine, après avoir réuni le régiment, en remet le commandement au capitaine de semaine, à moins qu'il n'y ait un officier supérieur. Les officiers et sous-officiers de semaine des escadrons sont seuls obligés de se trouver à ces rassemblements.

Soins au retour du régiment, après une sortie à cheval.

57. Lorsque le régiment, après avoir monté à cheval, est de retour au quartier, l'adjudant-major prend les ordres du chef d'escadrons de semaine, pour fixer le moment de desseller ; il s'assure que les chevaux, pendant qu'ils restent sellés, sont attachés au râtelier par la longe du licou ; lorsqu'on a dessellé, il veille à ce que les officiers et sous-officiers de semaine fassent bouchonner les chevaux et exposer au soleil ou à l'air les selles et couvertes mouillées ; il exige que les panneaux soient battus avant que les selles soient remises en place.

Inspection des postes du quartier ; visite des détenus.

58. Il inspecte, aussi souvent qu'il le juge nécessaire, la garde de police, ainsi que les autres postes qui auraient été placés extraordinairement au quartier ; il les dirige et les fait surveiller par l'adjudant dans les détails de leur service.

Il visite les salles de police et les prisons du quartier. Il veille à ce que les détenus à la salle de police et les consignés soient exercés aux heures prescrites ; à ce qu'ils fassent les corvées du quartier et reçoivent les subsistances qui leur sont dues ; il entend leurs réclamations, et, si elles sont fondées, il y fait droit ou les fait parvenir à l'autorité compétente.

Toutes les cantines établies dans le quartier sont placées sous la surveillance de l'adjudant-major de semaine ; il les fait fermer lorsque la tranquillité du quartier et le maintien de l'ordre le rendent nécessaire ; dans ce cas, il en rend compte sur-le-champ au chef d'escadrons de semaine.

Visites au quartier par des officiers supérieurs.

59. Il accompagne le colonel et le lieutenant-colonel quand l'un ou l'autre se trouve au quartier ; il accompagne de même tout officier supérieur qui le demande.

CHAPITRE VII.

TRÉSORIER.

Fonctions et responsabilité.

60. (1) Le trésorier est membre responsable et secrétaire du conseil d'administration.

Il fait toutes les recettes en deniers et leur versement immédiat dans la caisse du corps ; il acquitte toutes les dépenses pré-

---

(1) *Le trésorier est chargé des écritures concernant la comptabilité en deniers ; il rédige la correspondance du conseil ; il est l'archiviste du corps ; il établit et certifie les états de services et tous autres extraits des registres dont la tenue lui est confiée, ainsi que les copies ou extraits des documents authentiques existant aux archives du corps.*

Il est dépositaire du livret de solde et du timbre du conseil.

Il fait toutes les recettes et en opère le versement immédiat à la caisse du conseil, à l'exception des fonds nécessaires au service courant, et donne quittance des sommes reçues, lorsque le conseil ne doit pas en signer l'acquit.

Il paie toutes les dépenses au moyen des fonds mis à sa disposition et de ceux qu'il a reçus directement.

Il établit et signe les bons de subsistances et de chauffage.

Il est personnellement responsable des fonds qu'il a reçus, et dont il doit faire le versement dans la caisse du conseil, de ceux qu'il a reçus sur quittances ou qui lui ont été remis par le conseil ; enfin, de tout paiement illégal, des avances et versements non autorisés par le conseil, des omissions de recettes, erreurs de calcul, doubles emplois, surcharges ou altérations d'écritures (Analyse des art. 67 à 78 de l'ordonn. du 10 mai 1844, Journal militaire, p. 319 à 324).

vues par les règlements, ou autorisées par le conseil. Il est responsable envers l'État de tous les fonds qu'il a été chargé de recevoir, jusqu'à ce qu'il les ait versés dans la caisse du régiment, et de ceux qui sont mis à sa disposition pour les dépenses du corps ; il est responsable, envers le conseil d'administration, de la régularité des paiements et de la tenue de ses registres. Il rédige, sous la direction du major, les lettres et les actes relatifs à ses fonctions, et que le conseil ou son président doit signer.

Il tient les contrôles annuels (1).

Mutations.

61. Tous les jours il reçoit, avec les pièces à l'appui des mutations, les rapports des escadrons, visés par le major. Il établit l'état général des mutations destiné au sous-intendant, et le présente à la signature du major.

Il enregistre et signe les billets d'hôpital ; il enregistre aussi les permissions et les congés.

Prêt et subsistances.

62. Tous les cinq jours, il fait le prêt à chaque maréchal des logis chef, sur une feuille signée par le capitaine commandant, et dont il vérifie l'exactitude.

_____

(1) Ce dernier paragraphe a été supprimé par la décision royale du 8 juillet 1835 (*Journ. milit.*, p. 39).

3.

Il établit, signe et enregistre les bons de subsistances et de chauffage.

63. Le trésorier a sous ses ordres un officier qui est chargé de l'aider dans son travail, et de le suppléer lorsqu'il est malade ou absent.

L'officier adjoint au trésorier assiste, chaque année, aux écoles de peloton et d'escadron, aux évolutions et aux théories qui y sont relatives.

Il remplit, aux escadrons de guerre, les fonctions attribuées au trésorier.

CHAPITRE VIII.

OFFICIER D'HABILLEMENT.

Fonctions et responsabilité.

64. L'officier d'habillement est membre responsable du conseil d'administration ; il est en outre responsable, envers l'Etat, des étoffes, matières et effets de toute nature versés dans les magasins du corps, et, envers le conseil d'administration, de la régularité des distributions et de la tenue de ses registres. Il est chargé, sous la direction du major, de la confection, de la distribution et des réparations des effets ; il l'est également des réparations à faire à l'armement, de la conservation et de l'entretien des armes en magasin.

Il rédige les marchés et la correspondance relative à ses fonctions, que le conseil ou son président doit signer.

Il commande le peloton hors rang; il exerce à son égard les fonctions de capitaine commandant.

Il est chargé de la police des ateliers. Les maîtres ouvriers ne reçoivent d'ordres pour leur travail que de lui ou de ses adjoints. Il propose au major le remplacement de tout maître ouvrier incapable ou de mauvaise conduite.

Distribution et marque des effets.

65. Il ne distribue ni armes ni effets que sur un bon nominatif du capitaine commandant, visé par le major.

Les effets d'habillement, de grand équipement, de harnachement et d'armement, sont, avant d'être distribués aux escadrons, empreints par ses soins des marques prescrites par les règlements, sauf celle du numéro matricule de l'homme, qui est appliquée dans les escadrons par les soins des capitaines commandants.

Réparations.

66. Les réparations sont faites sur des bons signés par le capitaine commandant, qui spécifie au compte de quelle masse elles doivent être imputées. Un maréchal des logis ou un brigadier, porteur du bon, ac-

compagne au magasin d'habillement le cavalier, muni de l'effet à réparer. L'officier d'habillement vise le bon, après avoir reconnu que la réparation est exprimée comme elle doit l'être et réellement imputable sur la masse désignée. S'il y a contestation, le différend est jugé par le major, et, au besoin, par le conseil d'administration.

L'officier d'habillement, avant de rendre les effets, s'assure que la réparation a été bien faite.

Officier d'armement; officier adjoint à l'habillement (1).

67. Il a sous ses ordres deux officiers du grade de lieutenant ou de sous-lieutenant, qui lui sont adjoints : l'un est chargé de tous les détails de l'armement; l'autre l'aide dans la tenue des écritures, les détails de l'habillement, et le remplace en cas d'absence ou de maladie.

Ces officiers sont désignés par le colonel, sur la proposition de l'officier d'habillement et d'après l'avis du major. Ils sont habituellement exempts du service de place et de semaine, et des exercices de détail; mais ils assistent chaque année aux écoles de peloton

---

(1) *L'officier d'habillement est secondé par un ou plusieurs officiers (selon l'arme), placés sous son autorité immédiate, et qui sont nommés par le président du conseil d'administration, sur la présentation de l'officier d'habillement et d'après l'avis du major* (Art. 80 de l'ordonn. du 10 mai 1844, Journal milit., p. 321).

et d'escadron, ainsi qu'aux évolutions et aux théories qui y sont relatives.

L'officier adjoint à l'habillement est particulièrement chargé de l'achat des objets d'écurie et des détails relatifs à la conservation et à la vente des fumiers. Il a sous sa direction spéciale un maréchal des logis chargé du détail des écuries. Ce sous-officier a sous sa garde la provision d'huile, les lampes des écuries, et les diverses ustensiles, tels que pelles, balais, fourches, seaux, baquets d'abreuvoirs, civières, etc. L'officier adjoint à l'habillement veille à ce que le plus grand ordre et la plus stricte économie président à la distribution, à l'emploi et au remplacement de ces divers objets.

Lorsque le régiment est formé sur le pied de guerre, le lieutenant d'armement réunit à ses fonctions celles d'officier d'habillement près des escadrons de guerre. L'officier adjoint à l'habillement remplit alors au dépôt les fonctions de lieutenant d'armement; dans ce cas aussi, il remplace le porte-étendard dans les fonctions d'officier de peloton à l'égard du peloton hors rang, et dans les détails relatifs au casernement.

En temps de paix, les fonctions d'officier d'armement et d'adjoint à l'habillement peuvent être confiées au même officier, pourvu qu'il n'en résulte aucun inconvénient pour le service.

CHAPITRE IX.

PORTE-ÉTENDARD.

Attributions.

68. Le porte-étendard est chargé des détails du casernement, sous la direction et la surveillance du major.

Il remplit les fonctions d'officier de peloton à l'égard du peloton hors rang.

Il peut être adjoint à l'officier d'habillement et chargé, sous ses ordres, des détails de l'armement.

Il assiste chaque année aux écoles de peloton et d'escadron, aux évolutions et aux théories qui y sont relatives ; il peut être attaché à l'instruction.

Service.

69. En campagne, lorsque les besoins du service le réclament, le porte-étendard est attaché à un escadron pour le service de semaine.

CHAPITRE X.

CHIRURGIEN-MAJOR ET CHIRURGIEN AIDE-MAJOR (1).

Visite journalière au quartier.

70. Tous les matins, avant le rapport, le

---

(1) Aujourd'hui médecin-major et médecin aide-major, depuis le décret organique du 23 mars 1852.

chirurgien-major fait sa visite au quartier,
après avoir pris au corps de garde les billets
que les maréchaux des logis chefs y ont déposés, pour lui indiquer les hommes qui ont
besoin de ses soins, et ceux qui sont rentrés
la veille des hôpitaux.

Dans sa tournée, il observe ce qui intéresse
la salubrité des chambres.

Quand il y a des malades à la salle de police, en prison ou au cachot, il en est prévenu
par le maréchal des logis de garde ; il envoie
à l'hôpital ceux dont l'état l'exige.

Lorsque le régiment occupe plusieurs
quartiers, le chirurgien-major se réserve habituellement la visite du quartier principal;
il envoie dans les autres son aide, qui lui rend
compte.

Les billets d'hôpital sont signés par lui, et,
en son absence seulement, par le chirurgien
aide-major.

La visite terminée, il rend compte au lieutenant-colonel, et, en son absence, au chef
d'escadrons de semaine ; il lui propose les
mesures d'hygiène qu'il croit utiles ; il lui
demande la sortie de prison des hommes qu'il
juge ne pouvoir y rester sans danger pour
leur santé, et qui cependant ne sont pas dans
le cas d'aller à l'hôpital.

Il passe fréquemment dans les cuisines
pour examiner la qualité des aliments et la
propreté des ustensiles.

Il peut, avec l'autorisation du lieutenant-colonel, être occasionnellement remplacé par son aide dans la visite journalière du quartier et des prisons.

Lorsque les circonstances l'exigent, le chirurgien-major et son aide font alternativement, d'après l'ordre du colonel, un service de nuit. Il leur est affecté à cet effet une chambre au quartier.

Infirmerie.

71. Le chirurgien-major est tenu de traiter au régiment les maladies légères, les maladies vénériennes et cutanées simples (1). Il

---

(1) *Nomenclature des maladies susceptibles d'être traitées dans les infirmeries régimentaires.*

1° L'*Ophthalmie*, sans fièvre et sans gravité;
2° L'*Otite*, l'*Otorrhée*, sans fièvre;
3° La *Bronchite*, sans fièvre ;
4° Les *Gingivites* et *Stomatites* ;
5° Le *Prolapsus accidentel* ou *habituel de la luette*;
6° L'*Amygdalite*, sans fièvre ;
7° Les *Aphtes*, les *Ulcérations* de la membrane buccale, sans fièvre,
8° L'*Odontalgie* causée ou non par la carie des dents ;
9° Les *Fluxions* des joues ;
10° Les *Hémorrhoïdes* récentes et simples ;
11° La *Diarrhée* simple dont la durée n'excède pas quatre ou cinq jours;
12° La *Balanite* ;
13° L'*Urétrite aiguë* et *subaiguë*, sans complication de rétrécissement ;
14° L'*Oreillon idiopathique* (parotidite) ;
15° *Toutes les Ganglionnites simples* qui ne réclament qu'un traitement local ;
16° Les *Entorses* sans complication ;

propose au lieutenant-colonel les mesures nécessaires pour l'organisation, l'entretien et la police de l'infirmerie. Il tient un registre sur lequel il inscrit le nom, le grade, le numéro de l'escadron et le genre de maladie des hommes qui sont à l'infirmerie, la date de l'entrée, celle de la sortie, et ses observations sur le traitement. Ce registre est coté et paraphé par le major; le lieutenant-colonel l'arrête tous les mois.

Un brigadier du peloton hors rang est at-

17° Les *Luxations* de l'articulation scapulo-humérale ;

18° Le *Lombago*, sans fièvre ;

19° Le *Furoncle* ;

20° Le *Phlegmon* peu étendu et sans fièvre;

21° Les *Abcès superficiels* ;

22° *Toutes les inflammations superficielles de la peau,* sans fièvre;

23° L'*Erythème* ;

24° L'*Erysipèle simple* par cause externe et sans fièvre;

25° Les *Dartres récentes simples* causées par la malpropreté, l'insolation, etc. ;

26° Les *Eruptions anormales, furonculeuses, psoriformes,* etc. ;

27° La *Gale,* à moins qu'elle ne soit invétérée;

28° Les *Engelures* ;

29° Les *plaies simples et superficielles* produites par des instruments tranchants ou contondants, sans lésion des vaisseaux ou d'organes importants.

Il est formellement interdit aux officiers de santé des corps de faire entrer, ou de maintenir à l'infirmerie régimentaire, les hommes qui seraient atteints d'affections que leur gravité a fait exclure de la nomenclature qui précède (*Note ministérielle du 30 octobre 1839, Journal milit.,* p. 344).

taché à l'infirmerie et y fait exécuter les ordres qu'il reçoit des chirurgiens (1).

Exemptions de service.

72. Aucun homme n'est exempt de service pour cause de maladie ou d'accident, que sur un certificat du chirurgien-major ; ce certificat n'est donné qu'après un examen scrupuleux et jamais pour plus de quatre jours, sauf à le renouveler.

---

(1) Le brigadier second prévôt est chargé des détails de l'infirmerie régimentaire (*Décis. minist. du 11 février 1834, Journ. milit.*, p. 33).

Un sous-officier, secondé par un brigadier chargé de l'ordinaire, un soldat infirmier chargé de la tisanerie et de la cuisson des aliments, et un soldat par vingt hommes à l'infirmerie pour les bains, pourraient suffire à la police et à la tenue de la comptabilité de l'infirmerie, ainsi qu'aux soins à donner à des militaires atteints de maladies peu graves (*Circulaire du 28 janvier 1839, Journal milit.*, p. 22).

Les infirmeries régimentaires tireront des hôpitaux militaires les médicaments et le linge à pansement qui leur seront nécessaires. A cet effet, les chirurgiens-majors des corps feront, les 1er, 10 et 20 de chaque mois, un bon des médicaments et du linge à pansement, qu'ils jugeront nécessaires pour le service de leurs infirmeries. Le bon, visé par le major du corps ou le commandant du détachement, sera revêtu d'un : *Vu, bon à délivrer* du sous-intendant militaire, chargé de la surveillance administrative de l'hôpital militaire (*Note ministérielle du 3 février 1843, Journal milit.*, p. 28).

La nomenclature des médicaments que les chirurgiens des corps de troupes sont autorisés à prendre dans les pharmacies des hôpitaux militaires, est annexée à la note ministérielle du 19 août 1843, *Journal milit.*, p. 189.

Visite aux hôpitaux.

73. Le chirurgien-major visite deux fois par semaine, au moins, les malades du régiment qui sont dans les hôpitaux ; il rend compte de ses observations au lieutenant-colonel.

Il accompagne le colonel et le lieutenant-colonel dans leurs visites aux hôpitaux et à l'infirmerie.

Quand les chirurgiens en sont requis par l'autorité compétente, ils doivent faire le service aux hôpitaux militaires ou dans les salles militaires des hospices civils de la garnison. Ce service extraordinaire ne les dispense pas de leurs obligations envers le régiment.

Bains.

74. Le chirurgien-major propose les bains quand il les juge convenables ; il y accompagne la troupe avec son aide.

Visite générale tous les mois ; visites des recrues, semestriers et congédiés.

75. Tous les mois au moins il fait, en présence des officiers de semaine, une visite individuelle des brigadiers et cavaliers, pour reconnaître les maladies vénériennes et cutanées ; il prend, à cet effet, les ordres du lieutenant-colonel. Il examine plus fréquemment les recrues.

Les hommes rentrant d'un hôpital externe, de congé ou de permission, sont, le jour même de leur arrivée, visités par un des chirurgiens, qui envoie aussitôt à l'infirmerie ceux qu'il trouve atteints de maladies cutanées.

Le chirurgien-major constate, sous sa responsabilité, l'aptitude des hommes qui se présentent pour servir au régiment comme engagés volontaires ou comme remplaçants.

Lorsqu'il arrive des hommes de recrue, le chirurgien-major les visite avec soin, pour constater s'ils sont propres au service, s'ils ont eu la variole, ou s'ils ont été vaccinés; il tient registre de ses observations (1) et en rend compte par écrit au lieutenant-colonel. Lorsqu'un homme de recrue présente des infirmités ou des vices de conformation qui le rendent impropre au service, le chirurgien-major en fait un rapport spécial au lieutenant-colonel, qui l'adresse au colonel.

Il établit les certificats de visite des hommes proposés pour la retraite, la réforme ou un congé d'un an, ainsi que des malades présents au corps qui ont besoin d'un congé de convalescence.

Il visite les semestriers et les hommes qui quittent le corps par congé, réforme ou retraite, afin que ceux qui sont atteints de maladies vénériennes ou cutanées soient traités

---

(4) Ce registre sera, de la part de MM. les inspecteurs médicaux, l'objet d'une attention particulière (*Note du 6 mars 1844, Journal milit.*, p. 76).

avant leur départ. Les semestriers atteints
de maladies vénériennes sont privés de leur
congé.

Exercices, évolutions.

76. Un des chirurgiens assiste aux exercices, aux évolutions et aux promenades générales des chevaux, pourvu de linge, de
bandes et des médicaments de première nécessité (1).

Le chirurgien-major assiste aux exercices
à feu du régiment.

Soins gratuits.

77. Il doit gratuitement ses soins à tous
les individus du régiment.

Les officiers qui sont traités chez eux, ainsi
que les sous-officiers et les maîtres ouvriers,
lorsqu'ils sont traités hors de l'infirmerie,
sont tenus de se fournir de médicaments.

Indication du logement.

78. L'indication du logement des chirurgiens et des heures où ils sont chez eux est
affichée au corps de garde de police.

Cas de détachement.

79. En cas de séparation, le chirurgien-
major marche avec l'état-major du régi-

---

(1) Il est pourvu des instruments et objets de pansement contenus dans les sacoches d'ambulance adoptées par
la note ministérielle du 28 août 1840 (*Journal militaire*,
p. 303).

ment (1); le chirurgien aide-major suit les escadrons détachés, ou marche avec la plus forte portion de ces escadrons.

Un chirurgien aide-major détaché remplit envers le détachement les mêmes devoirs que le chirurgien-major envers le régiment.

CHAPITRE XI.

CAPITAINE COMMANDANT.

Devoirs généraux.

80. Les premiers soins du capitaine commandant doivent être d'inspirer aux militaires de son escadron du zèle et de l'amour pour le service ; de leur rendre facile la pratique de leurs devoirs par ses conseils, par l'usage équitable de son autorité et par une constante sollicitude pour leur bien-être. Il est l'intermédiaire indispensable de leurs demandes. Il doit s'attacher à connaître le caractère et l'intelligence de chacun d'eux pour les traiter, en toute circonstance, avec une justice éclairée. Il réprime au besoin la familia-

---

(1) Dans les corps de troupes à cheval, en partie cantonnées, le chirurgien-major fera des tournées dans les cantonnements toutes les fois que le bien du service l'exigera (*Décision ministérielle du 24 avril 1844, Journal milit.,* p. 229).

Les officiers de santé, chefs de service dans les corps de troupes, adresseront, à la fin de chaque trimestre, au conseil de santé des armées, un relevé de la mortalité (*Note ministérielle du 22 juin 1843, Journal milit.,* p. 522).

rité et la brusquerie de ses subordonnés envers les cavaliers, qu'on ne doit jamais tutoyer, injurier ni maltraiter.

Il visite chaque jour son escadron. Il peut se faire suppléer ou seconder à cet égard par le capitaine en second.

Il est chargé, sous les ordres des chefs d'escadrons, de l'instruction de la première et de la deuxième classes.

Responsabilité.

81. Le capitaine commandant est responsable de la police, de la discipline et de la tenue de son escadron. Il l'est également des parties de l'instruction qui doivent être enseignées dans les chambres et aux écuries, telles que les règles de discipline, de tenue et de service intérieur; les dispositions du Code pénal, surtout celles relatives à la désertion; le service des cavaliers de garde dans les places et en campagne; le soin des armes et des effets d'habillement, d'équipement et de harnachement, le paquetage, le pansage des chevaux, la manière de seller, desseller, brider, débrider, etc.

Il est responsable de la bonne administration de son escadron; cette responsabilité s'étend à tous les détails relatifs à la perception, à la distribution et à l'emploi des diverses prestations en argent et en nature, et plus particulièrement à la masse individuelle; cette masse doit être l'objet de la sollicitude

continuelle du capitaine commandant. Il doit
exiger que les officiers de peloton et le maréchal des logis chef remplissent rigoureusement leurs devoirs à cet égard ; il visite lui-
même fréquemment le livret et le porte-
manteau des cavaliers, de manière à ce qu'il
puisse toujours répondre aux questions de
son chef d'escadrons sur la situation de la
masse de tout sous-officier, brigadier ou cavalier de son escadron.

Il assiste aux distributions d'effets d'habillement, d'équipement, de harnachement et
d'armement faites à son escadron ; en cas
d'empêchement, il est remplacé par un officier de l'escadron ; il se fait alors présenter
les hommes avec les effets qu'ils ont reçus.

Il fait marquer les effets au numéro matricule de chaque homme (1).

---

(1) *Il juge directement ou après avoir pris l'avis des
officiers sous ses ordres, sauf le recours des parties intéressées au major et subsidiairement au conseil, le prix
des réparations aux effets et aux armes.*

*Il est autorisé à suspendre, avec l'approbation du ma-
jor, la réparation des effets de la deuxième catégorie,
et des armes laissées par les hommes qui entrent dans une
position d'absence, lorsqu'il reconnaît que ces effets ou
armes sont encore susceptibles de faire un bon service
entre les mains de ces hommes à leur retour au corps.*

*Il adresse des réclamations au conseil, lorsque le paie-
ment de la solde ou les distributions n'ont pas eu lieu
aux époques régulières ; que les fournitures sont défec-
tueuses ou incomplètes, et, enfin, qu'une imputation ou
retenue illégale est faite à sa troupe. Si sa réclamation
reste sans effet, il peut la porter devant les officiers de*

Formation de l'escadron.

82. Chaque escadron est partagé, pour les détails et le service journalier et intérieur, en pelotons, sections et escouades, conformément aux tableaux D et E.

Les pelotons restent, pour l'ordre de bataille, composés des mêmes sous-officiers, brigadiers et cavaliers.

Les brigadiers et les cavaliers sont répartis de manière que chaque peloton ait à peu près un nombre égal d'anciens et de nouveaux cavaliers.

Le capitaine commandant veille à ce que les pelotons soient également partagés pour l'espèce, la taille et la qualité des chevaux.

Les pelotons sont divisés en deux sections et quatre escouades; le contrôle général reste dans cette formation pour les chambres, les ordinaires, les évolutions, les marches, etc.

Ce contrôle est le seul en usage pour commander le service, tant à pied qu'à cheval, et pour tous les rassemblements armés et non armés, afin que les officiers et les sous-officiers aient les mêmes subordonnés à commander dans toutes les situations.

On a soin de répartir les recrues et les re-

---

l'intendance militaire (Analyse des articles 93 et 94 de l'ordonnance du 10 mai 1844, sur l'administration et la comptabilité des corps, Journal milit., p. 323).

4

montes de manière à maintenir l'ordre ci-
dessus prescrit.

Prêt.

83. Le capitaine commandant signe la
feuille de prêt, après l'avoir vérifiée et avoir
pris note de la somme à recevoir chez le trésorier. A l'heure indiquée, le maréchal des
logis chef va en toucher le montant ; il le
remet au capitaine immédiatement après (1).

Le prêt se divise en deux parties : la première est destinée aux dépenses *de l'ordinaire* ; la seconde est payée, comme *centimes
de poche*, aux hommes qui vivent à l'ordinaire.

Chaque brigadier ou cavalier doit verser à
l'ordinaire quinze centimes par jour avec les

---

(1) *La solde et les accessoires de solde des hommes de
troupe sont payables, à titre de prêt, par le trésorier,
entre les mains des capitaines, les 1er, 6, 11, 16, 21 et 26
du mois, pour le nombre de jours formant l'intervalle de
chacune de ces dates à la date suivante exclusivement.*

*Le capitaine perçoit le prêt d'avance, sur le pied de paix,
et à terme échu, lorsque les vivres de campagne sont fournis et que la troupe ne fait pas ordinaire, sur une feuille
de prêt portant décompte, certifiée et quittancée par lui,
et que le trésorier vérifie avant d'en payer le montant.*

*Le montant de la feuille de prêt peut être payé au ma-
réchal des logis chef, sur la présentation de cette feuille
revêtue de l'acquit du capitaine.*

*Le maréchal des logis chef remet, sur-le-champ, au ca-
pitaine, la somme qu'il a touchée chez le trésorier.*

*Le capitaine est responsable des sommes payées, sur ses
quittances, à ce sous-officier (Art. 153 et 157 de l'ordonnance du 10 mai 1844, Journ. milit., p. 350.)*

vivres de campagne, trente centimes avec le pain en garnison, et quarante centimes avec le pain en marche (1). Lorsque, dans quelques localités, le prix des comestibles sort des proportions communes, le colonel peut, avec l'approbation du maréchal de camp, faire verser temporairement à l'ordinaire une plus forte partie du prêt. *Il en est donné avis au sous-intendant militaire, pour le mettre à même d'opérer ses vérifications* (2). Dans aucun cas, le cavalier ne peut recevoir moins de cinq centimes de poche.

Le capitaine charge le maréchal des logis chef de distribuer chaque jour, aux brigadiers d'ordinaire, l'argent nécessaire pour les dépenses du lendemain.

Il ne remet à ce sous-officier, et celui-ci ne paie que le premier jour du prêt suivant, la solde des sous-officiers, celle des hommes qui ne vivent pas à l'ordinaire, celle des enfants de troupe, les centimes de poche et les hautes-paies.

Il veille à ce qu'il ne soit fait sur l'argent de poche d'autre retenue que celle qui est prescrite pour les hommes punis de la prison ou du cachot.

Les centimes de poche des hommes qui

---

(1) L'ordonnance du 5 décembre 1840 a augmenté ces versements de trois centimes.

(2) Paragraphe ajouté par la décision royale du 8 juillet 1835 (*Journ. milit.*, p. 39).

sont irrégulièrement absents le dernier jour du prêt sont versés à l'ordinaire.

Les hommes qui s'absentent avec permission sont payés des centimes de poche et des hautes-paies jusqu'au jour de leur départ exclusivement.

Ordinaires.

84. Le capitaine commandant désigne alternativement, pour tenir les ordinaires, les brigadiers les plus aptes à cette fonction.

Il s'assure fréquemment par lui-même que les comestibles sont de bonne qualité et en quantité suffisante; que le prêt est employé à sa destination; que les bouchers, les boulangers et les épiciers sont régulièrement payés, et qu'ils inscrivent chaque jour leur quittance sur le cahier destiné à cet usage; il empêche, par tous les moyens qui sont en son pouvoir, qu'aucun abus ne s'introduise dans la gestion de l'ordinaire.

Hommes allant aux hôpitaux ou en congé; effets des hommes décédés; harnachement des chevaux douteux.

85. Le capitaine commandant signe les billets d'hôpital; il arrête le compte des hommes qui s'absentent pour un motif quelconque et signe leur livret qu'ils doivent emporter avec eux.

Lorsque des chevaux douteux ou atteints d'une maladie contagieuse ont été abattus, le capitaine fait prévenir l'officier d'habillement, afin que le harnachement de ces chevaux et les effets des cavaliers qui les ont soignés soient purifiés avant leur entrée en magasin.

Il fait faire l'inventaire des effets des sousofficiers et cavaliers décédés, et en remet un double au major.

Tous les hommes rentrant après une absence sont présentés le lendemain au capitaine commandant par l'officier de peloton, ou, à son défaut, par le maréchal des logis; ils doivent être munis de leur livret.

Comptabilité.

86. Le maréchal des logis chef et le maréchal des logis fourrier sont les agents du capitaine commandant pour tout ce qui concerne l'administration et la comptabilité. Le capitaine commandant vérifie souvent les registres de l'escadron. Chaque trimestre, en faisant le décompte, il compare le livre d'escadron avec les livrets des sous-officiers et cavaliers. Il fait arrêter les comptes et les signe sur le livre d'escadron et sur les livrets; les hommes signent sur le livre d'escadron ; ceux qui ne savent pas signer font une marque qui est légalisée par la signature du commandant du peloton.

Le capitaine commandant veille à ce que les hommes conservent constamment leurs livrets, et qu'il n'y soit fait d'inscription qu'en leur présence.

Quand le maréchal des logis chef est remplacé, le capitaine commandant vérifie et arrête ses comptes; il ne peut rendre responsable le successeur qu'autant que celui-ci a assisté à cette vérification ou l'a faite lui-même.

Administration de la masse individuelle.

87. Les capitaines sont chargés, sous la direction spéciale du major, de pourvoir les sous-officiers et cavaliers des effets au compte de la masse individuelle; ils sont tenus de se conformer aux échantillons et modèles adoptés; ils doivent connaître les prix de confection, le prix, l'espèce et la qualité des matières qui entrent dans la confection.

Les capitaines réunis nomment trois d'entre eux pour former, sous la présidence du major, une commission chargée de passer et de rédiger les marchés pour l'achat des effets au compte des hommes, de vérifier ceux que les fournisseurs et les maîtres ouvriers du corps livrent au magasin, d'y apposer leur timbre de réception et de procéder aux abonnements relatifs aux réparations au compte des hommes. Les effets reçus par la commission sont déposés au magasin d'habillement; l'officier d'habillement ne les distribue aux escadrons que sur des bons nominatifs signés par le capitaine commandant et visés par le major.

La commission est renouvelée au 1er avril et au 1er octobre de chaque année, ou plus souvent, s'il est nécessaire. Trois capitaines sont désignés pour suppléer les membres titulaires.

Le capitaine commandant fait passer tous les mois, par les officiers de peloton, une revue générale des effets ; ces officiers lui proposent les remplacements et les réparations, et s'assurent que les livrets sont à jour.

Le capitaine commandant ordonne de semblables revues toutes les fois qu'il le juge nécessaire. Il en passe une lui-même avant la fin de chaque trimestre. Le jour de cette dernière revue est fixé par le colonel ; autant que possible, elle se passe à la même heure dans tous les escadrons du régiment.

Réparations *et remplacements* d'effets.

88. Le capitaine commandant met la plus sévère impartialité à imputer soit à la charge du cavalier, soit au compte *de l'Etat ou* des abonnements, suivant le cas, les réparations *ou remplacements* d'effets (1).

Services payés.

89. Il désigne, sur la proposition des officiers de peloton, les hommes qui ont besoin, pour améliorer leurs masses, de faire

---

(1) Les mots en lettres italiques ont été supprimés par la décision royale du 8 juillet 1836 (*Journ. milit.*, p. 39).

des services payés. Il ne permet pas qu'un homme fasse seul un service payé, à moins qu'il n'ait quatre nuits de repos entre chaque garde.

Perruquier.

90. Le cavalier chargé de la coupe des cheveux des sous-officiers, brigadiers et cavaliers, ne reçoit pour cet objet aucune rétribution, mais il est exempté de service. Le capitaine lui fait payer tous les mois, sur les fonds de l'ordinaire, dix centimes pour chaque homme qu'il rase; il fait également remettre sur l'ordinaire dix centimes par mois à chaque homme qui se rase lui-même.

Ferrage.

91. Le capitaine commandant exige que la ferrure soit visitée par les officiers et les sous-officiers de peloton, et qu'elle soit renouvelée aussi souvent qu'il le faut; il s'assure toujours de ce point avant de délivrer au maréchal l'état d'après lequel il est payé par le trésorier.

Pansage et nourriture des chevaux.

92. Il donne la plus grande attention non-seulement au pansage des chevaux, mais encore à la manière dont ils sont nourris; il fait mettre ensemble ceux qui mangent lentement, et à part ceux qui ont besoin d'être au régime.

Répartition des chevaux.

93. Dans l'intérêt de la conservation des chevaux, il retire ceux qui sont dans de mauvaises mains, et les donne aux cavaliers les plus en état de les conduire. Il ne doit cependant ôter à un homme son cheval que pour des motifs graves, dont il rend compte au rapport.

La répartition générale des chevaux a lieu très-rarement et seulement lorsque le colonel l'ordonne par suite de l'admission dans les rang d'un grand nombre de chevaux neufs, ou pour rendre des escadrons disponibles ; elle se fait sous la direction du capitaine commandant, par rang de grade, de classe et d'ancienneté. Cet ordre cependant n'est pas toujours rigoureusement suivi ; les cavaliers du peloton modèle peuvent être l'objet d'une juste préférence. Le capitaine commandant consulte les qualités et les défauts des chevaux, afin de les assortir aux moyens et au degré d'instruction des cavaliers.

Rapports aux chefs d'escadrons.

94. Le capitaine commandant fait immédiatement à son chef d'escadrons le rapport des punitions graves qui sont infligées dans l'escadron, et des événements dont il importe que cet officier supérieur soit prévenu sans délai.

Cas de partage de l'escadron.

95. En cas de partage de l'escadron, le

capitaine commandant marche avec la première division ; il emmène avec lui le maréchal des logis chef et le brigadier fourrier.

Le capitaine en second marche avec la deuxième division; il emmène le maréchal des logis fourrier.

Cas d'absence du chef d'escadrons.

96. En l'absence du chef d'escadrons, le capitaine commandant rend compte directement au lieutenant-colonel.

CHAPITRE XII.

CAPITAINE EN SECOND.

Devoirs généraux.

97. Le capitaine en second est subordonné au capitaine commandant ; il est chargé, sous ses ordres, de la police intérieure de l'escadron, de la surveillance des chambrées, de la direction des parties de l'instruction qui doivent être enseignées dans les chambres et dans les écuries, et de la surveillance spéciale des ordinaires.

Il s'assure fréquemment si les comestibles sont de bonne qualité et en quantité suffisante, si le prêt est employé à sa destination, et si les fournisseurs sont exactement payés.

L'administration étant sous la responsabilité du capitaine commandant, le capitaine en second, quand il ne commande pas l'escadron, ne reçoit sur l'administration ni rapports ni propositions.

Pelotons sans officier.

98. Il surveille principalement le service intérieur des pelotons qui se trouvent, par intérim, sous les ordres d'un maréchal des logis.

Rapports au capitaine commandant.

99. Il rend compte à son capitaine commandant de tous les détails dont il est chargé, de l'exécution des ordres qu'il a reçus de cet officier, et des événements dont il importe qu'il soit prévenu sans délai.

Capitaine en second commandant un escadron.

100. Quand il commande par intérim l'escadron, il ne doit pas de rapport officiel au capitaine commandant dont il a, dans ce cas, tous les droits et la responsabilité ; il lui rend compte, à son retour, de ce qui a été fait pendant son absence.

Lorsque les deux capitaines sont absents pour plus de quinze jours, le colonel désigne, pour prendre le commandement de leur escadron, un capitaine en second d'un autre escadron ; si le colonel croit utile de laisser le commandement au lieutenant en premier de l'escadron, il en rend compte au maréchal de camp. Lorsque l'absence des deux capitaines ne doit pas durer plus de quinze jours, le plus ancien lieutenant de l'escadron en prend le commandement.

Semestres.

101. Les capitaines en second alternent,

pour les semestres, avec les capitaines commandants.

Missions particulières.

102. Quand les capitaines en second ne
commandent pas par intérim un escadron, ils
sont employés, de préférence, à toutes les
missions extérieures, à des détails d'administration intérieure ou autres, et spécialement au service des adjudants-majors absents.

L'un d'eux seconde le capitaine instructeur et le remplace en cas d'absence ou de
maladie.

Les capitaines en second sont commandés
pour les corvées.

SERVICE DE SEMAINE.

Les capitaines alternent pour le service de semaine.

103. Les capitaines commandants et les
capitaines en second roulent entre eux pour
le service de semaine ; le capitaine adjoint
au capitaine instructeur en est exempt.

Ce service est commandé par la tête du
contrôle. Il a lieu de la même manière dans
plusieurs escadrons détachés ensemble.

Dans un escadron détaché seul, l'officier
de semaine est chargé des distributions,
sous la direction du capitaine en second.

Lorsque le capitaine de semaine est commandé pour un service de place, il est remplacé pour la journée, dans le service de

semaine, par le capitaine qui marche après lui.

Visite de l'infirmerie. — Soins relatifs à la propreté.

104. Le capitaine de semaine visite tous les jours l'infirmerie, pour s'assurer de la conduite et de la tenue des malades; il reçoit leurs réclamations et les fait parvenir à qui de droit, s'il y a lieu.

Le samedi, il s'assure de l'exécution de tous les ordres relatifs à la propreté.

Promenades ; bains; corvées générales.

105. Quand le régiment est rassemblé pour la promenade des chevaux, pour le bain, ou pour une corvée générale, le capitaine de semaine en a le commandement, à défaut du chef d'escadrons de semaine. Si ce chef d'escadrons est présent, le capitaine est sous ses ordres.

DISTRIBUTIONS.

Le capitaine de semaine est chargé des distributions.

106. Le capitaine de semaine est chargé des distributions, sous les ordres et la direction du major; il lui en rend compte. En l'absence du major, il rend compte au lieutenant-colonel.

Il reçoit du trésorier le détail de ce qui revient à chaque escadron et les bons pour chaque espèce de distributions.

5

Il est secondé par les officiers et les sous-officiers de semaine.

Si les diverses distributions ont lieu successivement, le capitaine de semaine y préside lui-même; dans le cas contraire, il se réserve celle des fourrages, et charge des officiers de semaine, à qui il remet les bons, de présider aux autres.

Rassemblement et conduite des corvées.

107. Aux heures indiquées, le trompette de service sonne pour les distributions. Les brigadiers et les cavaliers sont en tenue d'écurie; les fourriers font l'appel; les maréchaux des logis de semaine s'assurent, pendant ce temps, que pour les distributions de fourrages les brigadiers et les cavaliers sont munis de cordes à fourrages, et qu'ils ont le nombre prescrit de sacs à distributions.

Les appels étant terminés et les rapports rendus par les officiers de semaine, le capitaine, aidé de l'adjudant de semaine, fait le rassemblement général par espèce de corvée; il répartit les officiers. Les diverses corvées se mettent en marche; le capitaine conduit celle des fourrages; les officiers et les sous-officiers marchent sur le flanc de la troupe et maintiennent l'ordre.

L'officier chargé de la distribution entre au magasin pour examiner les denrées; les maréchaux des logis et les fourriers restent en dehors pour le bon ordre, pendant que

les escadrons attendent leur tour. Chaque escadron est alternativement servi le premier.

Lorsque le fourrage est transporté du magasin au quartier par des voitures, la corvée est tenue de les charger et décharger.

Examen et distribution des denrées.

108. Le capitaine de semaine prend tous
les moyens convenables pour s'assurer de la
qualité et du poids des denrées; il surveille
ceux qui reçoivent et comptent; il fait de
nouveau compter, mesurer ou peser, s'il
le juge convenable.

S'il a à se plaindre du poids ou de la qualité, et s'il ne peut faire changer à temps les
denrées, ou obtenir un supplément proportionné, il suspend la distribution et se rend
de suite chez le major, qui fait toutes les
démarches nécessaires auprès du sous-intendant militaire ou du commandant de la place.
A défaut du major, ces démarches sont faites
directement par le capitaine.

Il est porté plainte au sous-intendant militaire, toutes les fois qu'on a été dans la
nécessité de faire changer les denrées ou
d'accepter un supplément. Il est rendu compte
au maréchal de camp.

Lorsque plusieurs distributions ont lieu
en même temps, le capitaine fait commencer
celle des fourrages; après en avoir vérifié la
qualité, il charge le plus ancien officier de
semaine de la suivre, et se rend aux autres

distributions pour les vérifier également.
L'officier qui l'y a devancé a dû, après
un premier examen, faire commencer la
distribution, s'il n'y a pas eu de réclamation; dans le cas contraire, il a dû faire prévenir le capitaine et attendre son arrivée.

La distribution terminée, le capitaine inscrit ses observations sur un registre tenu au
magasin à cet effet (1).

Si le fourrier ne peut assister à toutes les
distributions, il va à celle des fourrages; il
est suppléé pour les autres par le brigadier-
fourrier, à qui il remet les bons.

Le fourrier de chaque escadron, ou son
suppléant, compte toutes les rations avec
le préposé, en présence de l'officier, et demeure responsable de toute erreur.

Envoi du fourrage au magasin de l'escadron.

109. Le maréchal des logis de semaine
fait transporter à une distance convenable
le fourrage de son escadron, à mesure qu'on
le compte. Dès que la totalité est livrée, il
le fait emporter; le brigadier de semaine
accompagne les hommes qui en sont chargés,
et le recompte en l'emmagasinant; il renvoie des cavaliers à la distribution pour rap-

---

(1) Les officiers de distribution doivent partout et toujours inscrire sur le registre préparé à cet effet, les observations que leur suggère la qualité du pain ou des denrées
distribuées (*Décis. min. du 9 janv. 1848, Journ. milit.*, p 5).

porter l'avoine, s'il n'y en est pas resté assez
à cet effet. Le fourrier ramène les hommes
qui portent l'avoine; le brigadier la fait
déposer dans le coffre et en remet la clef
au maréchal des logis de semaine, qui la
garde.

CHAPITRE XIII.

LIEUTENANTS ET SOUS-LIEUTENANTS (1).

Fonctions.

110. Les lieutenants et les sous-lieutenants roulent ensemble pour le service. Ils
sont employés par les capitaines commandants à tous les détails de service, de police
et d'administration de l'escadron.

Leurs fonctions sont de deux sortes, celles
d'officier de peloton, et celles d'officier de
semaine.

OFFICIER DE PELOTON.

Maintien de l'ordre dans le peloton.

111. L'officier de peloton maintient un
ordre invariable dans son peloton; il y ex-
cite l'émulation; il dirige et surveille les
maréchaux des logis et les brigadiers sous

---

(1) Les officiers d'état-major détachés dans les corps de
troupe doivent être classés pour le service dans les escadrons, ainsi que pour leur droit au commandement, avec
les officiers de leur grade et suivant leur ancienneté (*Décis.
min. du 5 juillet 1844, Journ. milit.*, p. 17).

ses ordres; il étouffe avec soin tout germe de rixe, entretient l'union et le goût du service, et prend toujours pour règle l'impartialité et la justice.

Livret à tenir.

112. L'officier de peloton reçoit du maréchal des logis chef tous les renseignements relatifs à l'administration. Il tient pour son peloton un livret conforme au modèle F; il y inscrit sommairement les mutations qui surviennent.

Conservation des effets.

113. Il visite tous les jours son peloton; il veille à ce que tous les effets d'habillement, d'armement, de grand et de petit équipement et de harnachement, soient tenus constamment en bon état; il ne néglige aucun moyen d'en assurer la propreté et la conservation.

Il se fait rendre compte des effets qui sont perdus ou dégradés, surtout au retour des exercices; il recherche les causes des pertes ou dégradations et en fait le rapport au capitaine commandant; souvent, et à l'improviste, il fait la visite des effets d'un homme qu'il soupçonne d'inconduite.

Tenue des chambres.

114. Il est responsable de la tenue des chambres; le samedi il s'assure qu'elles sont nettoyées à fond.

Revue mensuelle.

115. Vers la fin de chaque mois, au jour prescrit par le capitaine commandant, il passe une revue de tous les effets des hommes de son peloton ; il vérifie si les livrets sont à jour et tenus avec exactitude ; il remet au capitaine commandant l'état des réparations qu'il a jugées nécessaires à l'habillement, à la coiffure et au grand équipement, ainsi que celui des remplacements à faire au compte de la masse individuelle.

Lorsqu'un homme rentre après une absence qui a duré huit jours ou plus, l'officier de peloton passe la revue de ses effets.

Visite des chevaux et de la sellerie.

116. Il visite fréquemment la ferrure et la ganache des chevaux. Du 25 au 30 de chaque mois, il s'assure que les maréchaux des logis font faire les crins. Dès qu'il aperçoit quelque chose qui mérite l'attention du vétérinaire, il le fait appeler.

Toutes les semaines, il visite les selles, charge le maréchal des logis de surveiller les réparations qui se font par abonnement, et fait pour les autres son rapport au capitaine commandant.

Direction des ordinaires.

117. Lorsque les ordinaires se font par division, les lieutenants en ont la direction ; lorsque les ordinaires se font par peloton,

cette direction appartient aux officiers de
peloton.

Ces officiers s'assurent que l'inscription du
prêt, et des divers produits qui augmentent
la recette, est faite régulièrement sur les
livrets d'ordinaire, et que la recette, à l'exception des centimes de poche, est employée
uniquement à la nourriture et aux dépenses
de propreté. Ils exigent que les fournisseurs
soient payés tous les jours, et que le boucher,
le boulanger et l'épicier donnent quittance sur
un cahier qui est joint au livre d'ordinaire.
Ils arrêtent ce cahier à la fin de chaque
prêt; ils arrêtent en même temps et signent
le compte de l'ordinaire. Ils font porter au
nouveau prêt l'excédant de la recette ou de
la dépense. Il n'est pas fait de décompte de
l'excédant de recette, qui est destiné aux
dépenses imprévues et à l'amélioration de
l'ordinaire.

Le jour du prêt, l'officier chargé de la
surveillance de l'ordinaire fait payer en sa
présence, par le maréchal des logis chef aux
chefs d'escouade et par ceux-ci aux cavaliers, les centimes de poche du prêt échu.

Détails de tenue et de propreté.

118. L'officier de peloton veille à la propreté personnelle des cavaliers; il surveille
avec un soin particulier l'entretien des armes
et du harnachement, la conservation et le
blanchiment de la buffleterie.

Le samedi, avant la soupe du soir, il s'assure que les cavaliers ont mis leurs effets dans le plus grand état de propreté; il consigne au quartier, jusqu'à l'appel, ceux qui auraient négligé ce devoir. Il veille à ce que les brigadiers fassent battre les couvertures, les matelas, les schabraques et les manteaux.

Instruction des recrues dans les chambres.

119. Il tient la main à ce que les hommes de recrue soient instruits, par les maréchaux des logis et les brigadiers, de tous les détails du service, de la discipline, de la tenue, de l'entretien et de l'arrangement des effets de toute nature; il les interroge souvent pour s'assurer si cette disposition a lieu.

Le premier samedi de chaque mois, il fait faire, en sa présence, la lecture du Code pénal militaire, et surtout des dispositions relatives à la désertion; il la fait faire aux recrues aussitôt après leur arrivée.

Cas d'absence.

120. Un officier de peloton absent est remplacé par le plus ancien maréchal des logis du peloton, sous la surveillance spéciale du capitaine en second.

SERVICE DE SEMAINE.

Répartition de ce service; son objet.

121. Les lieutenants et les sous-lieutenants alternent pour le service de semaine.

5.

Ils alternent entre eux par division, lorsque l'escadron occupe deux quartiers. Ils ne peuvent changer leur tour de semaine sans en avoir obtenu l'agrément du capitaine commandant.

Les fonctions de l'officier de semaine sont d'assurer l'accomplissement des devoirs des maréchaux des logis et des brigadiers de semaine, de surveiller la tenue des chambres et l'arrangement des effets ; de se faire rendre compte, par le maréchal des logis chef et par le maréchal des logis de semaine, des mutations, des permissions, des distributions, et de s'assurer si les punitions sont infligées avec justice.

Un officier de semaine, commandé pour un service de place, est remplacé dans le service de semaine par un autre officier de l'escadron.

Officier seul pour le service de semaine.

122. Quand un officier est seul pour le service de semaine, ou quand l'escadron occupe deux quartiers, le colonel peut, sur la demande du capitaine commandant, permettre à cet officier de n'assister qu'à l'un des pansages et de ne suivre que certains détails.

Consommation des fourrages.

123. En prenant le service de semaine, et avant chaque distribution de fourrages, l'of-

ficier de semaine vérifie ce qui reste au magasin de l'escadron ; il en est dès lors responsable.

Devoirs aux écuries; appels, etc.

124. Lorsque les escadrons sont réunis, un officier de semaine par deux escadrons est désigné, chaque jour, pour veiller au repas des chevaux : il s'assure qu'à la sonnerie les sous-officiers de semaine et les cavaliers chargés de donner à manger se rendent aux écuries, et que cette partie essentielle du service s'exécute avec toute la régularité possible. Il rend compte à l'adjudant-major à l'heure du pansage.

L'officier de semaine doit arriver un quart-d'heure avant l'appel du pansage, afin de s'assurer si la litière est levée et si les écuries sont nettoyées.

Il se trouve à tous les appels ; le maréchal des logis chef et le maréchal des logis de semaine l'informent de tout ce qui s'est passé depuis l'appel précédent, et spécialement de la rentrée des hommes qui manquaient. Il fait, s'il y a lieu, donner lecture de l'ordre à l'escadron formé en cercle ; il y ajoute les explications qu'il juge nécessaires.

Après avoir reçu du maréchal des logis chef le nom des sous-officiers et cavaliers pour lesquels il est arrivé de l'argent ou des lettres chargées, il s'assure que la distribution leur en est faite sans retard ; le maré-

chal des logis de semaine est tenu de lui
rendre compte à cet égard.

Il rend compte à l'adjudant-major des
appels et de tout ce qui concerne le service.

Aux appels du pansage, les cavaliers sont
en tenue d'écurie, tenant au bras gauche les
bridons, leur musette garnie des ustensiles
d'écurie, et sous le même bras un bouchon
de paille.

Après le signal général, l'officier de semaine ordonne au maréchal des logis chef de
faire rompre les rangs. Il fait, aussitôt après,
distribuer l'avoine aux cavaliers, et il exige
qu'elle soit répartie également à chaque ordinaire de chevaux.

Pansages.

125. Il suit et surveille les pansages; il
en fait enseigner le détail aux recrues par
les brigadiers.

Abreuvoir.

126. A la sonnerie de l'abreuvoir, il a soin
que les maréchaux des logis rassemblent au
pas l'escadron. Lorsqu'on abreuve aux auges
du quartier, il veille à ce que les chevaux ne
soient ni tourmentés ni gênés par le nombre, et boivent suffisamment.

Lorsque l'abreuvoir est éloigné du quartier,
il fait partir l'escadron, au commandement
du maréchal des logis de semaine. Celui-ci
reste à la queue, ou sur le flanc quand le

terrain le permet, afin de mieux surveiller la colonne. Le brigadier est en tête; il marche toujours au pas, et sur le côté droit de la route, pour ne point obstruer la voie publique et pour éviter les accidents. Les hommes qui n'ont qu'un cheval sont en tête de la colonne ; ceux qui en ont deux tiennent le second par les rênes du bridon, et à un pied environ de la bouche du cheval. Quand il y a de la glace ou de la neige, l'officier fait conduire tous les chevaux en main.

Quand on est dans la nécessité de faire boire à la rivière, tous les sous-officiers montent à cheval; chaque officier de semaine y conduit son escadron; l'adjudant-major y conduit tous les escadrons, s'ils vont au même abreuvoir. Les officiers ne négligent rien pour éviter les accidents ; ils veillent à ce que les cavaliers entrent dans la rivière et en sortent dans le meilleur ordre. Lorsqu'un escadron est réuni, l'officier de semaine le reconduit au quartier, fait mettre pied à terre, et fait rentrer les chevaux.

Pendant qu'on est à l'abreuvoir, les cavaliers restés aux écuries les balaient et nettoient soigneusement les mangeoires.

Les dispositions ci-dessus sont également suivies lorsque le colonel a ordonné de conduire les chevaux à l'abreuvoir par peloton.

Retour de l'abreuvoir.

127. Quand les chevaux sont rentrés, l'of-

ficier de semaine exige qu'on leur bouchonne avec soin les jambes et toutes les parties mouillées. Il fait donner l'avoine à tous en même temps, à l'avertissement : *donnez l'avoine*. Elle est donnée par peloton lorsqu'on a été dans cet ordre à l'abreuvoir. Pendant que les chevaux la mangent, un cavalier reste entre chaque ordinaire.

Les autres cavaliers reçoivent la paille du brigadier de semaine, délient les bottes et les placent en arrière des chevaux. L'avoine mangée, l'officier de semaine fait jeter la paille dans le râtelier par les cavaliers restés dans les intervalles.

Chevaux malades.

128. Il veille à ce que le maréchal des logis de semaine fasse conduire, à l'heure indiquée, les chevaux malades au pansement.

Rapports à l'adjudant-major et aux capitaines.

129. Le pansage terminé, l'officier de semaine se rend auprès de l'adjudant-major de semaine, pour lui faire le rapport verbal.

Lorsqu'un des deux capitaines de l'escadron vient au quartier, l'officier de semaine lui rend compte de tout ce qui s'est passé depuis la veille. Dans un cas extraordinaire, il va sur-le-champ faire son rapport au capitaine commandant; s'il ne peut y aller lui-même, il y envoie le maréchal des logis de semaine.

Garde montante et parade.

130. Les officiers de semaine se trouvent à la garde montante, à la parade générale de la garnison et à celle du régiment; ils passent une inspection préparatoire des hommes de leur escadron qui sont de service.

Quand la garde montante n'est composée que de la garde de police, ils sont habituellement dispensés de s'y trouver. Lorsque le colonel juge que leur présence y est utile, il donne ses ordres à cet égard.

Appel du soir.

131. A l'heure de l'appel du soir, l'officier de semaine passe dans les chambres, accompagné du maréchal des logis chef, et fait faire l'appel par le brigadier de chambrée. Il signe le billet d'appel, et le remet à l'adjudant-major de semaine, dans la salle du rapport. Il attend l'ordre de l'adjudant-major pour se retirer.

Quand le colonel juge nécessaire d'alléger le service des officiers de semaine, il permet qu'il n'y en ait qu'un à l'appel du soir pour deux escadrons.

Rassemblement d'une partie ou de la totalité de l'escadron.

132. L'officier de semaine se trouve à tous les rassemblements de vingt hommes et au delà; il en passe l'inspection. Lorsque l'escadron se réunit à cheval, il se trouve aux écuries à toutes les sonneries, pour assurer l'exécution immédiate et régulière de ce qu'elles indiquent. L'officier le plus élevé en grade conduit toujours l'escadron au rassemblement général.

Propreté des corridors et des escaliers.

133. L'officier de semaine veille à la propreté des corridors et des escaliers de son escadron ; le samedi il s'assure qu'ils sont nettoyés à fond.

CHAPITRE XIV.

OFFICIERS A LA SUITE.

Rang et fonctions.

134. Les officiers à la suite, quelle que soit leur ancienneté, prennent rang après les titulaires de leur grade ; ceux-ci les commandent toujours à grade égal dans le service intérieur, et dans les services qui se font par fractions constitutives du régiment.

Les officiers à la suite concourent avec les titulaires pour le service de semaine ; ils roulent avec eux, selon leur ancienneté, pour les différents tours du service de place, ainsi que pour le commandement des détachements qui sont composés d'hommes de divers escadrons.

Ils sont employés : 1° au remplacement des officiers titulaires de leur grade absents ; 2° à des fonctions spéciales d'administration ou d'instruction; 3° au service d'officiers d'ordonnance près des généraux (1).

Les lieutenants et les sous-lieutenants sont placés de préférence dans les escadrons dont les officiers de leur grade sont employés à des fonctions spéciales qui les dispensent de service; ils les remplacent dans le commandement de leurs pelotons.

CHAPITRE XV.

ADJUDANTS.

Fonctions.

135. Les adjudants ont autorité et inspec-

---

(1) Aux termes de l'art. 12 de l'ordonnance du 23 février 1833, les lieutenants d'état-major détachés dans les corps doivent servir dans les escadrons, pendant la première des deux années qu'ils sont destinés à passer, soit dans l'infanterie, soit dans la cavalerie, et concourir pendant la seconde au service des adjudants-majors, lorsqu'ils y sont jugés propres par les inspecteurs généraux.

Ils ne doivent donc pas être chargés de la direction des écoles régimentaires (*Décis. minist. du 14 juill.* 1836, *Journ. milit.*, p. 66).

Les officiers d'état-major détachés dans les régiments suivront toujours les bataillons actifs.

Ils resteront, en temps de paix, avec la fraction la plus considérable du corps, et avec celle où se trouve le colonel, si ce régiment est divisé en deux parties égales : il ne sera fait exception à cette règle que lorsque l'officier d'état-major devra, dans l'intérêt du service et conformément au vœu de l'ordonnance du 23 février 1833, aller remplir les fonctions d'adjudant-major auprès d'une autre fraction du régiment (*Dispositions résultant de la décision ministérielle du 3 avril* 1839, *Journ. milit.*, p. 128, *et applicables par analogie à la cavalerie*).

tion immédiate sur les sous-officiers et les brigadiers, pour tout ce qui a rapport au service et à la discipline. Ils observent le caractère et surveillent la tenue, la conduite privée et les progrès des sous-officiers. Ils sont sous les ordres immédiats des adjudants-majors, à qui ils doivent des rapports sur tout ce qui est relatif au service et au bon ordre.

Étrangers entrant au quartier.

136. Les étrangers qui se présentent pour entrer au quartier sont conduits, par les soins du maréchal des logis de garde, à l'un des adjudants. Les adjudants n'autorisent l'entrée que de ceux qui y ont affaire et ils les font respecter. Ils veillent, avec un soin particulier, à ce qu'il ne s'y introduise ni gens sans aveu, ni femmes de mauvaise vie.

Répartition du service entre les adjudants.

137. Les adjudants alternent pour le service de semaine ; celui qui n'est pas de semaine est chargé, sous la direction de l'adjudant-major, d'aider l'autre adjudant pour les rassemblements relatifs aux classes d'instruction, aux distributions, etc.

Dans une place, l'adjudant qui n'est pas de semaine est en outre chargé d'aller tous les matins à l'état-major, muni du livre d'ordres et du rapport. Après avoir inscrit l'ordre de la place et tous les détails relatifs au service, il se rend chez le colonel, qui lui donne ses instructions particulières, et ensuite chez l'adjudant-major de semaine, qui en assure l'exécution.

Il communique ces ordres au lieutenant-colonel avant la garde montante.

Police des garnisons.

138. Dans les villes où il n'y a pas d'état-major de place, les adjudants secondent les adjudants-majors dans le service et la police militaire de la garnison. Ils doivent plus particulièrement alors prendre connaissance des auberges et autres lieux publics fréquentés par les soldats, afin de pouvoir y diriger les patrouilles et y faire la recherche des hommes qui manqueraient aux appels, ou qu'on aurait vus dans un état d'ivresse.

L'adjudant sortant de semaine réunit le matin, une demi-heure après le réveil, les rapports des chefs de poste. Il les porte à l'heure indiquée à l'officier supérieur commandant la place.

Cas d'absence.

139. Un adjudant absent est remplacé par un maréchal des logis chef désigné par le colonel, sur la proposition du lieutenant-colonel.

SERVICE DE SEMAINE.

Devoirs généraux.

140. L'adjudant de semaine est sous les ordres directs de l'adjudant-major de se-

maine; il lui rend compte de l'exécution des ordres donnés et de tout ce qui se passe au quartier en son absence. Dans les circonstances imprévues, il peut, si l'adjudant-major n'est pas au quartier, faire directement son rapport au chef d'escadrons de semaine, au lieutenant-colonel, et même au colonel.

En prenant le service, il reçoit de l'adjudant qu'il relève : 1º le contrôle des sous-officiers et brigadiers pour commander le service; 2º l'état des sous-officiers et brigadiers qui entrent en semaine avec lui ; 3º le livre d'ordres de l'état-major. Il affiche dans la salle du rapport la liste des officiers, sous-officiers et brigadiers de semaine.

Il surveille spécialement le service des maréchaux des logis et brigadiers de semaine et de planton au quartier, la garde de police, le trompette de garde, et le piquet lorsqu'il est commandé par un sous-officier.

Il se trouve aux appels, aux rassemblements de la garde, aux départs des détachements et aux réunions de la totalité ou d'une partie du régiment (1).

---

(1) Les adjudants sous-officiers de semaine sont tenus de visiter, au moins une fois par jour, les infirmeries régimentaires et les salles de convalescents, afin d'y assurer le maintien de la discipline, ainsi que l'exécution des prescriptions et des ordres donnés par les officiers de santé (*Décis. minist. du* 31 *mars* 1844, *Journ. milit.*, p. 172).

Sonneries.

141. Il est responsable de la ponctualité des sonneries, lors même qu'il se fait suppléer à cet égard par le maréchal des logis de garde.

Les sonneries pour le service journalier sont habituellement fixées aux heures suivantes :

Le réveil, à quatre heures et demie, pendant les mois de mai, juin, juillet et août ;
à cinq heures, pendant les mois de mars, avril, septembre et octobre ;
à six heures, pendant les mois de novembre, décembre, janvier et février.

Le déjeûner des chevaux, un quart-d'heure après le réveil.

L'appel et le pansage, une heure après le déjeuner des chevaux.

L'abreuvoir, après le pansage, au signal qu'en fait donner l'adjudant-major.

La soupe du matin, à neuf heures, depuis le 1er mars jusqu'au 1er novembre ;
à dix heures, depuis le 1er novembre jusqu'au 1er mars.

La corvée de propreté, après la soupe mangée.

Le rassemblement de la garde, à onze heures et demie.

Le diner des chevaux, à midi.

L'appel pour le pansage du soir, à deux heures.

L'abreuvoir, après le pansage.

La soupe du soir, { à cinq heures, depuis le 1er mars jusqu'au 1er novembre : à quatre heures, depuis le 1er novembre jusqu'au 1er mars.

Le souper des chevaux, { à sept heures, pendant les mois de novembre, décembre, janvier et février ; à sept heures et demie, pendant les mois de mars, avril, septembre et octobre ; à huit heures, pendant les mois de mai, juin, juillet et août.

Le rassemblement des trompettes, un quart-d'heure avant la retraite.

La retraite, à l'heure ordonnée par le commandant de place.

L'appel, une demi-heure après la retraite.

L'extinction des lumières, à dix heures.

Les heures des rassemblements pour l'instruction pratique et théorique sont fixées par le tableau du service journalier.

Le travail à cheval a toujours lieu dans la matinée. Lorsqu'en été les chaleurs nécessitent qu'on monte à cheval avant le pansage du matin, les chevaux sont bouchonnés et épongés ; il reçoivent la moitié du repas d'avoine du matin ; l'autre moitié leur est donnée après le pansage, qui se fait à la rentrée du terrain d'exercice.

L'instruction à pied a lieu ordinairement entre l'heure du rassemblement de la garde et le pansage du soir; dans les grandes chaleurs, elle est remise après la soupe.

Quand le climat, le service ou l'instruction exigent des changements dans les heures des sonneries, ces changements sont ordonnés par le colonel (1).

(1) A moins d'impossibilité absolue, les chevaux doivent sortir tous les jours au moins pendant deux heures, après leur déjeuner ou après leur dîner, soit pour les exercices, soit pour les marches militaires, soit même pour la simple promenade. Dans ce dernier cas, ils seront tous montés, sellés et en bridon.

La promenade journalière des chevaux et les soins qui leur sont donnés à leur rentrée à l'écurie tiendront lieu du pansage du matin, qui sera remplacé par un simple bouchonnage.

Lorsque la promenade ou les exercices auront lieu le matin, les chevaux boiront et mangeront l'avoine avant le travail, et à leur rentrée, ils recevront la paille.

Les chevaux devront toujours recevoir l'avoine immédiatement après avoir bu. Depuis le 1er septembre jusqu'au 1er avril, les chevaux seront abreuvés à l'écurie le matin; ils le seront aussi le soir, lorsque le temps sera froid, pluvieux et humide; dans les autres mois de l'année, les chevaux seront abreuvés à l'écurie, lorsque l'état de l'atmosphère le fera juger nécessaire (*Extrait des instructions sur les revues d'inspection générale des corps de cavalerie*).

Les chevaux amenés au pas après les manœuvres et de manière à ce qu'ils ne soient pas en transpiration seront dessellés à la rentrée à l'écurie et soumis à un bouchonnage immédiat et suffisant; ils seront revêtus de leur couverte pour un temps dont la durée sera réglée par le colonel, suivant la saison, la température des écuries et le travail auquel les chevaux auront été soumis. Enfin l'on fera un usage fréquent de la couverte (*Circul. du* 18 *décembre* 1846, *Journ. milit.*, p. 654).

Garde montante et parade.

142. L'adjudant de semaine rassemble la garde montante et place à la gauche les ordonnances et plantons.

Lorsque l'adjudant-major a passé l'inspection des hommes de service, l'adjudant forme les postes; il a soin que les hommes du même escadron soient, autant que possible, placés dans le même poste, à l'exception du poste de la garde de police, qui est formé d'hommes de tous les escadrons. Il réunit ensuite le peloton des sous-officiers d'ordre composé des maréchaux des logis chefs, des maréchaux des logis et brigadiers de semaine; il le forme sur deux rangs en face de la garde; il en passe l'inspection.

Il fait défiler la garde, si elle n'est pas commandée par un officier. Lorsque la garde a défilé, il fait former le cercle, et commande le service des sous-officiers et cavaliers pour le lendemain.

S'il y a parade pour la garnison, et qu'il n'y ait pas d'officier de service, l'adjudant conduit la garde du régiment sur la place d'armes; dans ce cas, le plus ancien maréchal des logis chef marche à la tête des sous-officiers d'ordre.

Ordre.

143. Avant l'appel de deux heures, il dicte l'ordre aux fourriers; il veille à ce qu'ils l'écrivent avec régularité.

Appel du soir.

144. Il contre-signe les permissions d'appel du soir, et en tient note pour vérifier le rapport que le maréchal des logis de garde fait des hommes rentrés.

Il fait, en double expédition, le relevé général des billets d'appel du soir, et le présente à la signature de l'adjudant-major.

Devoirs après la retraite.

145. A l'heure de l'appel ou à l'heure fixée par le colonel, il fait fermer les cantines; il veille à ce que l'extinction des lumières ait lieu à dix heures.

Il répond, envers l'adjudant-major et l'officier supérieur de semaine, de la tranquillité du quartier pendant la nuit; il fait des rondes, il en fait faire par le maréchal des logis et par le brigadier de garde.

Il fait les contre-appels que l'adjudant-major a ordonnés; il peut en faire de son chef si quelque circonstance particulière l'exige; il en rend compte à l'adjudant-major le lendemain matin.

Propreté du quartier.

146. Il assure la propreté de l'extérieur et des cours du quartier, ainsi que des corridors et des escaliers du peloton hors rang; il fait exécuter par le maréchal des logis de garde et les brigadiers de semaine tous les ordres donnés à cet égard.

6

Détenus et consignés.

147. Il fait rassembler les détenus et les consignés aux heures fixées pour les exercices de punition.

Il surveille la nourriture des détenus ; il s'assure qu'ils sont rasés, au moins deux fois par semaine, par le perruquier de leur escadron ; il informe de leur sortie le maréchal des logis chef de l'escadron, quand elle a lieu pour cause de santé ou par ordre du colonel.

Il charge le maréchal des logis de garde de faire de fréquents appels des consignés ; la liste en est déposée au corps de garde ; il fait remplir les auges par les consignés avant chaque pansage : à défaut de consignés, il les fait remplir par les gardes d'écuries.

Il envoie deux fois par semaine un perruquier à l'hôpital et à la prison de la place, pour raser les militaires du régiment malades ou détenus pour fautes contre la discipline.

Visites au quartier par des officiers supérieurs.

148. En l'absence de l'adjudant-major de semaine, il accompagne le colonel et le lieutenant-colonel lorsqu'ils viennent au quartier ; il accompagne de même tout officier supérieur qui le demande.

CHAPITRE XVI.

ADJUDANT-VAGUEMESTRE.

Fonctions.

149. Le vaguemestre est sous la surveillance immédiate du major.

Muni d'une commission du conseil d'administration, il retire de la poste les lettres, paquets, argent et effets adressés au conseil, ainsi qu'aux officiers, sous-officiers et cavaliers ; il en est responsable ; il les distribue immédiatement, et sans aucune rétribution en sus de la taxe.

Il remplit les fonctions de maréchal des logis chef près du peloton hors rang (1).

---

(1) *Les commissions des vaguemestres doivent être visées par le sous-intendant militaire chargé de la surveillance administrative du corps, ainsi qu'il est prescrit par le règlement du 1er mars 1823 sur le service des postes militaires.*

Les vaguemestres des détachements, comme ceux des corps entiers, doivent toujours être munis du registre qui est prescrit par l'art. 150 ci-après. Ce registre doit être visé par le sous-intendant militaire.

Dans les fractions de corps ou détachements où il n'existe pas de major, la vérification du registre du vaguemestre a lieu tous les lundis par les soins de l'officier commandant la fraction de corps ou le détachement.

Dans les portions de corps et détachements qui sont en route ou stationnés loin de leur régiment, si le sous-officier vaguemestre est mis dans l'impossibilité de continuer ses fonctions, il est provisoirement suppléé par un autre sous-officier, choisi et commissionné par l'officier commandant le détachement.

Cette commission provisoire doit être également sou-

Registre.

150. Il tient un registre divisé en deux parties; la première sert à enregistrer les titres qui lui sont confiés pour retirer de la poste les lettres chargées, l'argent adressé aux officiers, aux sous-officiers et aux cavaliers, et à justifier de la remise qu'il en a faite; la signature du directeur de la poste constate la recette du vaguemestre, et celle du militaire opère sa décharge. La seconde partie est destinée à constater les divers chargements de lettres et de fonds qu'il fait de la part des militaires du régiment.

Ce registre est coté et parafé par le major, et conforme au modèle G. Le major le vérifie tous les lundis.

Boîte aux lettres.

151. Il est placé près du corps de garde de police une boîte aux lettres dont le vaguemestre a la clef; l'heure de la levée des lettres est indiquée par une affiche.

Le vaguemestre passe chez le colonel, dans les bureaux du major, du trésorier et de l'officier d'habillement, pour y prendre les dépêches.

---

mise au visa d'un sous-intendant militaire, et faire mention du cas d'urgence qui motive la dérogation au présent article (Dispositions additionnelles adoptées par la circulaire du 7 août 1834, *Journ. milit.*, p. 45).

Remise des lettres et de l'argent.

152. Il remet d'abord au colonel les lettres
à son adresse et à celle du conseil d'administration. Il porte ensuite celles du major, du
trésorier et de l'officier d'habillement. Il porte
à domicile les lettres et l'argent adressés aux
officiers, à moins qu'il n'ait l'occasion de les
leur remettre, sans retard, à quelque réunion.

Il remet également aux sous-officiers, brigadiers et cavaliers du petit état-major et du
peloton hors rang, les lettres et l'argent qui
leur sont adressés. Il distribue, par l'intermédiaire de chaque maréchal des logis chef,
les lettres qu'il reçoit pour les sous-officiers,
les brigadiers et les cavaliers des escadrons.
Les lettres chargées et l'argent reçu pour les
brigadiers et cavaliers sont remis directement aux intéressés par le vaguemestre, en
présence du maréchal des logis de semaine,
qui signe avec eux au registre de celui-ci, et
qui en informe l'officier de semaine. Si ces
militaires ne savent pas écrire, ils font une
croix, et l'officier et le maréchal des logis de
semaine signent au registre pour certifier le
paiement.

Le vaguemestre donne à l'adjudant de semaine un état signé par le directeur de la
poste, constatant les différentes sommes, ainsi
que les lettres chargées, qu'il a reçues pour les
sous-officiers, les brigadiers et les cavaliers.
Cet état est annexé au rapport ; l'adjudant
en donne lecture aux maréchaux des logis

6.

chefs, qui en rendent compte au capitaine commandant et aux officiers de semaine.

Si le vaguemestre n'a reçu aucun article d'argent, il remet à l'adjudant un état négatif, également signé par le directeur de la poste.

Lettres de rebut; argent adressé aux absents.

153. Les lettres de rebut sont rendues par le vaguemestre à la poste, sans avoir été décachetées, après que le motif du refus a été inscrit au dos ; le port en est remboursé par le directeur de la poste.

Ancienne rédaction.	*Nouvelle rédaction.*
Les sommes qui sont adressées à des militaires absents ou qu'on ne peut remettre immédiatement sont versées entre les mains des capitaines commandants, qui en donnent un reçu sur le registre du vaguemestre, et les gardent jusqu'à ce qu'elles puissent être remises.	Si la lettre est décachetée, le port reste à la charge de celui qui l'a ouverte.
Les sommes destinées à des militaires morts, ou qui n'appartiennent plus au corps, sont rendues à la poste ; les reconnaissances de versement sont remises au major, qui est tenu de les faire parvenir sans délai aux familles.	Les sommes et reconnaissances de versement adressées à des militaires qui sont décédés, qui n'appartiennent plus au corps, ou qui en sont absents, doivent être rendues au directeur de la poste, lequel, suivant le cas, les fait parvenir aux ayants droit ou les tient à leur disposition.
	Le délai, pour la remise à la poste des lettres et sommes non distribuées et des reconnaissances de versement, est de huit

Nouvelle rédaction.
jours (*Nouvelle rédaction conforme au décret du 22 juin 1851, Journ. milit.*, p. 602).

Réclamations.

154. Les capitaines commandants veillent soigneusement à ce que la remise des lettres et de l'argent adressés aux sous-officiers et cavaliers sous leurs ordres soit faite avec une scrupuleuse exactitude. S'il y a des réclamations, ils les transmettent au major, qui y fait faire droit sur-le-champ. Si des infidélités ont été commises, le major en rend compte au colonel, qui fait punir les coupables suivant les lois.

CHAPITRE XVII.

VÉTÉRINAIRES (1).

Ancienne rédact.	*Nouvelle rédaction résultant du règlem. du 12 juin 1852.*
Rang, subordination, responsabilité.	Vétérinaires et aides-vétérinaires.
155. Le vétéri-	Les vétérinaires prennent rang entre eux selon leur grade,

---

(1) Ce chapitre a été remplacé par le règlement du 12 juin 1852, dont on reproduit la rédaction en plaçant en regard des anciens articles, ceux du règlement précité qui s'y rapportent.

Aux termes de l'art. 7 du décret du 28 janvier 1852, les vétérinaires sont placés immédiatement après les officiers

Ancienne rédact.

Nouvelle rédaction.

naire en premier prend rang après les adjudants.

Le vétérinaire en second prend rang après les maréchaux des logis chefs.

Le service des vétérinaires est dirigé principalement par le capitaine instructeur.

Les vétérinaires sont responsables du traitement des chevaux malades et de leur guérison, autant qu'elle peut dépendre de leurs soins.

Ils ne doivent rien négliger pour conserver ou rétablir la santé des chevaux, et surtout pour les préserver des maladies contagieuses.

Ils doivent gra-

les classes étant subordonnées les unes aux autres, suivant les règles de la discipline.

Cette hiérarchie est toute spéciale et ne comporte ni directement ni par assimilation de grades militaires.

Les vétérinaires sont placés soit dans les corps de troupe, soit dans les états-majors, immédiatement après les officiers de santé (Art. 7 du décr. du 28 janv. 1852, *Journ. milit.*, p. 68.)

Dans les corps de troupes à cheval et établissements militaires, les vétérinaires sont spécialement chargés du traitement des maladies des chevaux, et pratiquent toutes les opérations qu'ils jugent nécessaires pour leur guérison. Ils ne doivent rien négliger pour conserver ou rétablir la santé des chevaux, et surtout pour les préserver des maladies contagieuses. Ils dressent les procès-verbaux d'autopsie de tous les chevaux qui ont succombé par accident ou par maladie, et constatent la cause de leur mort.

---

de santé : le chapitre qui les concerne devrait donc être placé après le chapitre X. On l'a maintenu sous l'ancien numéro pour ne pas intervertir l'ordre suivi dans la présente ordonnance.

|

tuitement leurs soins aux chevaux d'officiers ; les officiers ne sont tenus qu'à payer les médicaments.

Les vétérinaires sont autorisés à traiter de gré à gré les chevaux des particuliers qui les font appeler.

Infirmerie.

156. Si un cheval paraît être attaqué d'une maladie contagieuse, les vétérinaires le font entrer de suite à l'infirmerie, et se font remettre les effets de harnachement et de pansage dont ils donnent un reçu à l'escadron.

Quelle que soit la maladie dont un cheval est atteint, les vétérinaires administrent les médicaments et pra-

Ces procès-verbaux sont annexés à ceux que dressent les sous-intendants, pour justifier de la perte des chevaux.

Au dépôt, et lorsque le régiment est tout entier réuni, ils proposent au chef de corps, par l'intermédiaire du capitaine instructeur, les mesures hygiéniques qui leur paraissent de nature à intéresser la conservation des chevaux en général : si les escadrons sont mobilisés, ces propositions passent par l'intermédiaire du chef d'escadrons de semaine.

Ils sont chargés de la direction journalière de l'infirmerie sous la surveillance du capitaine instructeur.

Ils doivent gratuitement leurs soins aux chevaux des officiers et de toutes les personnes régulièrement attachées au régiment, dans le cas où ces chevaux sont leur propriété particulière, aussi bien que lorsqu'ils appartiennent à l'État.

Cette même obligation s'étend aux chevaux des officiers du corps d'état-major, à ceux des officiers d'infanterie, et, enfin, à ceux des compagnies ou brigades de gendarmerie de la localité

Ancienne rédact. | *Nouvelle rédaction.*

tiquent les opérations nécessaires.

Ils ne font aucune opération importante sans l'approbation du capitaine instructeur ; ils lui rendent compte de toutes les entrées et sorties de l'infirmerie.

dans laquelle ils tiennent garnison (art. 7 du règlement du 12 juin 1852).

A moins d'urgence ou d'empêchement, aucune opération importante pour le traitement des chevaux à l'infirmerie ne sera faite que par le vétérinaire, ou sous sa direction, avec l'autorisation préalable du chef de corps à qui la demande en sera faite au rapport journalier (art. 8 du règlement du 12 juin 1852).

Service de l'infirmerie.

Les brigadiers et les cavaliers désignés pour le service des chevaux à l'infirmerie sont sous les ordres des vétérinaires ; les maréchaux des logis sont sous les ordres du vétérinaire en premier.

Les maréchaux des logis, brigadiers et cavaliers désignés pour le service de l'infirmerie, y sont sous les ordres des vétérinaires, en ce qui concerne ce service (art. 15 du règlement du 12 juin 1852).

Forge.

157. Les vétérinaires sont chargés, sous le capitaine instructeur, de diriger les travaux de la forge.

Surveillance de la forge.

Les vétérinaires exercent une surveillance constante sur le service de la forge, dont ils ont la direction sous le capitaine instructeur : ils s'assurent de l'aptitude des maréchaux ; ils exi-

Ancienne rédact. | *Nouvelle rédaction.*

Ils s'assurent de l'aptitude des maréchaux ferrants.

gent qu'ils soient pourvus des ustensiles que l'Etat ne fournit pas à la forge; qu'ils aient une quantité suffisante de clous, de fers forgés pour les besoins du service, et ils veillent à la qualité de ces fers et à leur poids (art. 19 du règlement du 12 juin 1852).

Abonnements.

Médicaments.

158. Le vétérinaire en premier soumet au capitaine instructeur les abonnements à passer pour les médicaments et la ferrure des chevaux de troupe et de ceux d'officiers (1).

Lorsque le régiment occupe deux garnisons, le conseil d'administration juge si, au lieu de laisser subsister l'abonnement du vétérinaire en premier pour tous les

Les médicaments simples et officinaux, nécessaires pour le traitement des chevaux malades, sont fournis, autant que possible, par les pharmacies militaires (2) : ces médicaments, classés, étiquetés et renfermés dans des vases appropriés, sont conservés par les soins des vétérinaires, dans un local convenable, disposé à cet effet dans chaque quartier de cavalerie (art. 23 du règlement du 12 juin 1852).

---

(1) L'abonnement a été supprimé par la décision ministérielle du 24 juillet 1843.

(2) *Voir* aussi la note ministérielle du 18 septembre 1853, *Journ. milit.*, p. 267.

Ancienne rédact.	*Nouvelle rédaction.*
chevaux, il n'est pas préférable de passer un abonnement particulier pour chaque garnison.	
Pansages et rapport; évolutions, etc.	Pansage des chevaux.
159. L'un des vétérinaires assiste aux pansages; il y visite les chevaux qu'il croit susceptibles d'être glandés ou de jeter, et fait son rapport verbal à l'adjudant-major de semaine.	Tous les matins, au moment où le pansage commence, le vétérinaire, ou, à défaut, l'aide-vétérinaire, se rend à l'infirmerie, où il visite les chevaux malades et donne à chacun d'eux les soins nécessaires.
Le samedi, le vétérinaire en premier fait cette visite pour tous les chevaux du régiment indistinctement.	A la fin du pansage, il visite les chevaux indisponibles des escadrons qui lui sont amenés, sous la surveillance des maréchaux des logis de semaine.
Les vétérinaires visitent en outre, sur la demande des capitaines commandants, tous les chevaux qui leur sont désignés par ces officiers.	Le vétérinaire (et, en cas d'empêchement, l'aide-vétérinaire) assiste au rapport journalier pour rendre compte de son service au chef d'escadrons de semaine (art. 10 du règlement du 12 juin 1852).
	L'un des vétérinaires assiste au pansage, où il examine les chevaux, et plus particulièrement ceux qui sont désignés comme malades ou paraissant malades. Il fait entrer de suite à

Ancienne rédact. | *Nouvelle rédaction.*

l'infirmerie ceux qu'il juge avoir besoin de soins spéciaux ; il indique aux capitaines commandants ceux qui lui semblent avoir besoin d'être séparés dans les escadrons, pour être soumis à un régime particulier.

Si le cheval, entré à l'infirmerie, est atteint d'une maladie contagieuse, le vétérinaire se fait remettre les effets de barnachement et de pansage, dont il délivre un reçu à l'escadron, et les fait déposer dans un local spécial.

A la fin du pansage, le vétérinaire en rend compte verbalement à l'adjudant-major de semaine (art. 11 du règlement du 12 juin 1852).

Un des vétérinaires assiste aux évolutions, aux marches militaires et aux promenades générales des chevaux.

L'un des vétérinaires assiste toujours aux manœuvres et évolutions, aux marches militaires et aux promenades des chevaux (art. 9 du règlement du 12 juin 1852).

Désignation des chevaux à mettre au vert.

Mise au vert.

160. Tous les ans, à l'époque à laquelle les chevaux doivent être

Tous les ans, à l'époque du vert, le vétérinaire, après une revue spéciale de tous les chevaux du régiment, passée en

Ancienne rédact.	*Nouvelle rédaction.*

mis au vert, le vétérinaire en premier propose, par la voie du rapport, ceux auxquels il juge que ce régime est nécessaire (1).

présence des capitaines commandants, désigne, par la voie du rapport, ceux auxquels il juge que ce régime est nécessaire (art. 17 du règlement du 12 juin 1852).

Réception et marque des chevaux.

Réception des chevaux de remonte.

161. Il est appelé pour la réception des chevaux de remonte ; il leur applique la marque du régiment sur la fesse gauche. Il fait aussi appliquer sur la partie supérieure et externe du sabot antérieur montoir le numéro de signalement de chaque cheval.

Le vétérinaire assiste à la réception des chevaux de remonte au corps, sous la surveillance de l'instructeur en chef ; il en vérifie l'âge et le signalement, et les classe en raison de leur santé et des soins qu'ils exigent. Il leur applique ensuite la marque du régiment sur la fesse gauche, et leur fait appliquer le numéro matricule à la partie supérieure et externe du sabot antérieur montoir (art. 18 du règlement du 12 juin 1852).

---

(1) Le ministre de la guerre détermine chaque année l'époque où les chevaux de cavalerie doivent être mis au vert ; ils sont passés en revue à leur départ et à leur retour par les maréchaux de camp assistés des sous-intendants militaires employés sur les lieux (*art.* 303 *de l'ordonnance du* 25 *decembre* 1837, *sur la solde*).

Nouvelle rédaction.

Rapport journalier sur l'état sanitaire des chevaux.

Au dépôt, et lorsque le régiment est réuni tout entier, le vétérinaire fait connaître tous les jours au chef de corps, dans un rapport spécial, et par l'intermédiaire du capitaine instructeur, l'état sanitaire des chevaux du régiment et la situation de l'infirmerie.

Si les escadrons sont mobilisés, ce rapport passe par l'intermédiaire du chef d'escadrons de semaine (art. 12 du règlement du 12 juin 1852).

Visite de santé.

La visite de santé est faite tous les samedis, et plus fréquemment, si l'état sanitaire des chevaux l'exige.

Lorsque le corps occupe plusieurs quartiers, la visite du quartier principal est faite par le vétérinaire, et celle des autres quartiers par l'aide-vétérinaire, qui fait son rapport au vétérinaire. Celui-ci rend compte à son tour au chef d'escadrons de semaine du résultat général de la visite (art. 13 du règlement du 12 juin 1852).

Nouvelle rédaction.

Abatage des chevaux.

Lorsque le vétérinaire juge qu'un cheval doit être abattu, il en rend compte au capitaine instructeur; celui-ci soumet la proposition au colonel qui donne ses ordres. Si l'abatage est demandé pour cause de maladie, le colonel fait un rapport au général de brigade afin d'obtenir son autorisation. Dans tous les cas, le colonel prévient le sous-intendant militaire, pour qu'il dresse procès-verbal de la perte (art. 14 du règlement du 12 juin 1852).

Réforme des chevaux.

Le vétérinaire donne son avis motivé sur toutes les propositions de réforme de chevaux, faites par les commandants d'escadron (art. 16 du règlement du 12 juin 1852).

Cours de ferrure.

Le vétérinaire fait, aux maréchaux et élèves maréchaux, un cours théorique de ferrure; il leur fait, en outre, un cours sur celles des pratiques usuelles de la médecine vétérinaire qui peuvent leur être utiles pour ser-

Nouvelle rédaction.

vir d'aides dans les infirmeries régim entaires et en route (art. 20 du règlement du 12 juin 1852).

Rapport mensuel.

Au dépôt, et lorsque le corps est tout entier réuni, le vétérinaire remet au chef de corps, à la fin de chaque mois, par l'intermédiaire du capitaine instructeur, un rapport : 1° sur l'état sanitaire des chevaux et la situation de l'infirmerie ; 2° sur la qualité des fourrages et les substitutions jugées nécessaires ; 3° sur les mesures hygiéniques qu'il lui paraîtrait utile de proposer dans l'intérêt de la conservation de la santé des chevaux ; 4° sur la conduite et le service des maréchaux.

Si les escadrons sont mobilisés, ce rapport passe par l'intermédiaire du chef d'escadrons de semaine (art. 21 du règlement du 12 juin 1852).

Visite des magasins à fourrage.

Le vétérinaire accompagne l'officier supérieur et le sous-intendant militaire dans la visite mensuelle des magasins à fourrages, pour donner son avis sur la qualité des denrées composant

Nouvelle rédaction.

l'approvisionnement : son opinion est consignée sur le registre du magasin, et comprise dans le résumé de l'officier supérieur.

Il donne également son avis sur les denrées mises en distribution, lorsqu'il lui est demandé par le major ou par tout autre officier supérieur délégué à cet effet par le colonel (art. 22 du 12 juin 1852).

Tenue des registres.

Le vétérinaire tient, sous la surveillance du major, trois registres : le premier, divisé en plusieurs colonnes, servant à faire connaître le jour d'entrée des chevaux à l'infirmerie et celui de leur sortie, leur numéro matricule, l'escadron dont ils font partie, leur sexe, leur âge, leur provenance, la nature de leurs maladies, les opérations pratiquées, le traitement employé ; le deuxième servant à inscrire les chevaux de remonte à leur arrivée au régiment, et à noter les changements opérés en eux, sous le rapport de leur force, de leur énergie, des maladies éprouvées, enfin de leur aptitude au service ; le troisième, servant à inscrire les médica-

Nouvelle rédaction.

ments, ustensiles et instruments reçus, en un mot, tous les objets acquis pour le service de l'infirmerie et de la pharmacie (art. 24 du règlement du 12 juin 1852).

CHAPITRE XVIII.

MARÉCHAL DES LOGIS CHEF.

Devoirs généraux.

162. Le maréchal des logis chef s'applique à connaître la conduite, les mœurs et la capacité des sous-officiers, des brigadiers et cavaliers de l'escadron; il éclaire l'opinion du capitaine commandant sur leur compte, et n'agit envers eux qu'avec les ménagements ou la sévérité que comportent leur âge ou leur caractère. Il les commande en tout ce qui est relatif au service, à la tenue et à la discipline. Il est responsable de ces détails envers les officiers de l'escadron, et spécialement envers l'officier de semaine.

Il est responsable de l'administration envers le capitaine commandant. Il surveille le maréchal des logis fourrier et le brigadier-fourrier chargés, sous sa direction, de faire toutes les écritures.

Il est habituellement dispensé de se trouver au pansage du matin; il assiste à celui du soir. Il se trouve aux exercices et aux évolutions.

Vérification à son entrée en fonctions.

163. En entrant en fonctions, il vérifie si les effets de toute nature en service cadrent avec le livre de l'escadron et les livrets.

Prêt.

164. Il touche le prêt sur une feuille signée par le capitaine commandant, et au bas de laquelle il met son acquit; il porte le prêt immédiatement chez le capitaine (1).

Le premier jour du prêt, en présence des officiers chargés de la surveillance des ordinaires, il paie aux chefs d'escouade les centimes de poche et les hautes-paies du prêt échu; il paie en même temps aux sous-officiers le prêt échu.

Comptabilité de l'escadron.

165. Il fait tenir par le fourrier les registres d'escadron, d'ordres et de punitions; il exige qu'ils soient constamment au courant et que les mutations, ainsi que les recettes et les distributions de toute nature, soient portées chaque jour sur le livre d'escadron. Il veille à ce que le fourrier inscrive en présence des hommes, sur leur livret, tous les effets qu'ils reçoivent, les réparations

---

(1) Le montant de la feuille de prêt peut être payé au maréchal des logis chef, sur la présentation de cette feuille revêtue de l'acquit du capitaine (*Art.* 155 *de l'ordonn. du* 10 *mai* 1844, *Journ. milit.*, p. 350).

et les dégradations mises à leur charge,
ainsi que les versements qu'ils ont faits entre les mains du capitaine commandant pour
améliorer leur masse. Sous aucun prétexte
il ne garde les livrets par devers lui, et ne
permet au fourrier de les garder.

Le registre de punitions est conforme au
modèle H (1).

Effets des recrues.

166. A mesure que des recrues reçoivent
des effets militaires, le maréchal des logis
chef leur fait vendre leurs effets bourgeois,
en présence du maréchal des logis de peloton.

Effets des hommes qui s'absentent ou qui désertent.

167. Lorsqu'un homme s'absente pour
une cause quelconque, ses effets d'armement, d'habillement et d'équipement, sont
visités en sa présence au magasin du régiment, où ils restent déposés ; ses effets d'habillement, de grand et de petit équipement,
sont placés dans le sac à distribution, qui est
fermé et étiqueté ; l'état en est dressé ; il
est signé par l'homme qui s'absente et par

_____

(1) Ce registre sera oblong ; il aura 8 pouces de hauteur
et 11 pouces de largeur ; la distance entre les deux vis qui
fixent les feuillets, et, par conséquent, entre les deux échan-
crures de chaque feuillet, sera de 5 pouces, mesurés depuis
le milieu de l'une jusqu'au milieu de l'autre (*Décis. minist.
du 5 février* 1834, *Journ. milit.*, p. 30).

7.

le maréchal des logis chef et renfermé dans le sac ; un double de cet état, également signé, est conservé par le maréchal des logis chef.

Lorsqu'un cavalier entrant à l'hôpital ne peut assister à cette visite, il y est remplacé par le brigadier et un cavalier de l'escouade.

Le maréchal des logis chef inscrit sur la pièce en vertu de laquelle l'homme s'absente les effets qu'il emporte et la situation de sa masse individuelle ; il arrête son livret, le présente à la signature du capitaine commandant, et le remet à l'homme, qui doit toujours en être porteur. Il inscrit sur le rapport du lendemain la mutation et la situation de la masse.

Lorsque l'homme qui a fait une absence rentre au régiment, ses effets sont retirés du magasin et vérifiés en sa présence.

Dès que le maréchal des logis chef suppose qu'un homme a déserté, il fait établir en double expédition l'inventaire de ses effets en présence du brigadier et d'un cavalier de la chambrée qui le certifient ; cet inventaire est visé par le capitaine commandant. Le porte-manteau et tous les effets sont aussitôt déposés provisoirement au magasin du régiment avec une expédition de l'inventaire ; l'autre expédition est remise au major. Le versement définitif au magasin a lieu le jour où l'absent est déclaré déserteur.

Listes et placards à afficher.

168. Le maréchal des logis chef fait placer par le fourrier, à la porte de chaque chambre, une liste indiquant le numéro de l'escadron, le nom des deux capitaines, celui de l'officier et du maréchal des logis de peloton, des brigadiers et des cavaliers de la chambrée.

Il affiche sur la porte de sa chambre le nom des officiers de l'escadron avec l'indication de leurs logements; il y affiche également son nom et celui du fourrier.

Il fait afficher encore dans les chambres les articles de la présente ordonnance sur les marques extérieures de respect et sur les devoirs des brigadiers de chambrée; l'instruction sur la manière de monter et de démonter les armes, et l'état des objets de casernement signé par le fourrier et le brigadier.

Il fait placer, en gros caractères, le nom de chaque cheval et son numéro matricule sur une petite planche fixée au mur, au-dessus du râtelier (1).

Malades à la chambre.

169. Après l'appel du matin, il envoie au corps-de-garde le nom des hommes malades

_____

(1) La nomenclature des tableaux et étiquettes à placer dans les chambrées se trouve indiquée dans la décision ministérielle du 20 juin 1848 (*Journ. milit.*, p. 448).

et celui des hommes rentrés la veille des hôpitaux, avec le numéro de leurs chambres ; en cas d'urgence, il fait avertir sur-le-champ le chirurgien-major.

Il fait prévenir un des chirurgiens, dès qu'un homme rentre de congé, de permission ou de l'hôpital externe, afin qu'il visite cet homme immédiatement.

Appels.

170. Il fait les appels qui précèdent les pansages ; il fait donner lecture des ordres par le brigadier-fourrier et ne fait rompre les rangs que lorsque l'officier de semaine le prescrit. Après l'appel de deux heures, il commande les hommes de service ; il donne leur nom au maréchal des logis de semaine.

Il fait faire devant lui l'appel du soir par les brigadiers de chambree ; il établit le billet d'appel, le remet à l'officier de semaine, et se rend avec lui dans la salle du rapport.

Il peut, avec l'autorisation de l'officier de semaine, être remplacé pour cet appel par le maréchal des logis de semaine ; toutefois il ne peut se dispenser de s'y trouver lorsque, dans le cas prévu par l'art. 131, l'officier de semaine de l'escadron n'y assiste pas.

Garde montante.

171. Il se trouve à la garde montante. S'il y a reçu des ordres d'une exécution urgente, il va les communiquer au capitaine comman-

dant ; il en fait informer les autres officiers par le brigadier-fourrier.

Demandes des sous-officiers et cavaliers.

172. Le maréchal des logis chef reçoit toutes les demandes que les sous-officiers, brigadiers et cavaliers ont à faire par la voie du rapport ; il les soumet au capitaine commandant et en instruit l'officier de semaine. Les cavaliers ne peuvent pas, sans sa permission, changer entre eux leur tour de garde.

Prix des remplacements pour le service.

173. Les demandes de remplacement de service lui sont soumises ; il les accorde s'il y a lieu ; il en rend compte à l'officier de semaine. Le prix de ces remplacements est fixé de la manière suivante :

Pour une garde, ou pour une ordonnance qui découche. . . . . . . 75 cent.

Pour un piquet de 24 heures, pour une ordonnance qui rentre le soir, ou pour faire la soupe. . 50

Pour une corvée. 25

Cas d'empêchement ou d'absence.

174. Lorsque le maréchal des logis chef est dispensé de quelque partie de service, il est remplacé par le maréchal des logis de semaine, auquel il remet le contrôle pour commander le service.

En cas d'absence, il est remplacé, pour le service et la police, par le plus ancien maréchal des logis de l'escadron, qui est alors dispensé du service de la place; dans ce cas, le fourrier devient responsable de la comptabilité envers le capitaine commandant.

CHAPITRE XIX.

MARÉCHAUX DES LOGIS.

Fonctions générales.

175. Les maréchaux des logis commandent aux brigadiers et aux cavaliers de l'escadron, en tout ce qui est relatif au service, à la police et à la discipline; ils surveillent leur conduite privée. Ils sont responsables envers le maréchal des logis chef et les officiers, de l'exécution des ordres et de la police.

Ils alternent dans chaque escadron pour le service de semaine et celui des détachements; ils roulent entre eux dans le régiment pour les gardes, les plantons et les corvées.

Pansages.

176. Ils assistent tous les jours aux pansages; ils en surveillent les détails.

MARÉCHAL DES LOGIS DE PELOTON.

Fonctions.

177. Le maréchal des logis de peloton di-

rige, sous l'autorité de l'officier de peloton,
les détails intérieurs des chambrées ; il surveille la conservation et la tenue des effets.

Il appuie les brigadiers de son autorité,
les habitue à commander avec fermeté, mais
sans brusquerie, et veille à ce qu'ils ne s'é-
cartent jamais de l'impartialité et de la justice.

Dans les pelotons où il y a deux maréchaux
des logis, chacun d'eux a la surveillance
d'une section.

Livret et contrôle.

178. Le maréchal des logis de peloton
tient un livret semblable à celui qui est prescrit pour les officiers à l'art. 112.

Il doit avoir en outre un contrôle de l'escadron pour suppléer le maréchal des logis
chef dans les appels.

Surveillance des chambrées.

179. Il s'assure que les chambres sont balayées tous les jours ; il veille à la conservation et au remplacement des affiches et étiquettes, ainsi qu'au maintien de l'ordre établi pour l'arrangement des effets. Il apporte
une attention particulière à la bonne tenue
des armes, de la buffleterie et du harnachement.

Le samedi, il fait mettre dans le plus
grand état de propreté les effets de toute
nature ; il fait balayer les chambres à fond

et battre les couvertures, les matelas, les shabraques et les manteaux.

Propreté des hommes.

180. Il exige que les brigadiers et les cavaliers fassent faire à leur linge les réparations nécessaires, et qu'ils en changent le dimanche ; qu'ils soient rasés trois fois par semaine, et particulièrement les jours où ils doivent être de service ; que leurs cheveux soient coupés fréquemment et tenus courts, surtout en été.

Prêt.

181. Il veille à l'emploi que les brigadiers font du prêt, et vérifie souvent les prix et la qualité des achats de toute espèce. Il s'informe chez les marchands s'il ne leur est rien dû.

Rassemblement de l'escadron.

182. Toutes les fois que l'escadron doit s'assembler, le maréchal des logis de peloton se rend de bonne heure dans les chambres de son peloton et veille à ce que les hommes s'apprêtent.

Si l'escadron doit monter à cheval, il se rend aux écuries et veille à ce que les chevaux soient sellés, chargés, bridés avec le plus grand soin.

Désignation des chevaux.

183. Il désigne les chevaux disponibles

qui doivent être montés pour les divers rassemblements de l'escadron ou pour les classes d'instruction.

Rapports à l'officier de peloton.

184. Il fait verbalement son rapport à l'officier de peloton, lorsque celui-ci vient au quartier. Il informe cet officier des mutations journalières, des pertes ou dégradations d'effets, ainsi que des réparations à faire. Il prend ses ordres avant de demander au maréchal des logis chef les bons nécessaires.

SERVICE DE SEMAINE.

Le maréchal des logis de semaine est aux ordres de l'officier de semaine.

185. Le maréchal des logis de semaine est particulièrement aux ordres de l'officier de semaine; il assure, sous l'autorité de ce dernier, l'exécution des détails de service, de police et de discipline; il lui fait des rapports verbaux, ainsi qu'au maréchal des logis chef; il aide et supplée ce dernier dans le service journalier.

Appels.

186. Il assiste à tous les appels et se place à côté du maréchal des logis chef afin de répondre pour les hommes de service et pour les malades à la chambre; il fait lui-même les appels lorsque le maréchal des logis chef ne s'y trouve pas.

Devoirs aux écuries lors du réveil.

187. A la sonnerie du réveil, il se rend aux écuries, pour s'assurer que les brigadiers et cavaliers qui doivent distribuer le fourrage et donner à manger aux chevaux sont tous présents et s'acquittent de ce soin avec exactitude; il visite les licous, reçoit des gardes d'écurie le rapport des événements de la nuit, et fait le sien à chaque appel.

Il veille à ce que le brigadier de semaine fasse nettoyer l'écurie.

Chevaux sortis pour le pansage.

188. Lorsque le pansage doit avoir lieu dehors, il fait sortir les chevaux et les fait attacher par les rênes du bridon.

Recrues exercées au pansage.

189. Il s'assure que les brigadiers chargés d'apprendre aux hommes de recrue à panser les chevaux remplissent ce devoir avec soin.

Licous et billots.

190. Il passe dans les écuries pour observer si tous les licous sont attachés au râtelier par la boucle du montant ou la sous-gorge.

Il fait remplacer, au compte des gardes d'écurie, les billots perdus (1).

_____

(1) *Voir* les circulaires des 23 septembre 1840 et 15 juin 1841, relatives à un nouveau système d'attache.

Distribution de l'avoine.

191. Il a la clef du coffre où est renfermée l'avoine. Il est présent lorsqu'elle est distribuée ; il exige que, pendant que les chevaux la mangent, un cavalier par ordinaire reste debout près de la mangeoire.

Il ne quitte les écuries qu'après les avoir fait balayer en dedans et en dehors.

Surveillance à l'égard des gardes d'écurie.

192. Dans l'intervalle des pansages, il surveille les gardes d'écurie, leur fait répéter les consignes, les empêche de s'absenter, et exige qu'ils tiennent les écuries dans un état de grande propreté.

Il veille à ce que, autant que possible, il y ait constamment, pendant le jour, une demi-litière sous les chevaux.

Une partie de la litière est employée à remplacer les bouchons de paille qui ne peuvent plus servir.

Repas des chevaux.

193. Il se trouve à tous les repas des chevaux, pour s'assurer de l'exactitude du brigadier de semaine dans les distributions de fourrages ; il exige que le foin soit bien secoué pour en faire tomber la poussière, que les tiges de la paille soient croisées, et que la ration soient placée au milieu de chaque ordinaire.

Rassemblement des classes d'instruction et des corvées.

194. Il fait rassembler par le brigadier de semaine les hommes commandés pour les classes d'instruction et pour les corvées ; il en passe l'inspection.

Inspection des hommes de service ; garde montante.

195. Une demi-heure avant le rassemblement de la garde, il inspecte dans les chambres les hommes de service et de piquet ; il est responsable de leur bonne tenue ; il inspecte de même les hommes commandés de détachement.

Il se trouve à la garde montante.

Surveillance pour la propreté du quartier.

196. Il s'assure que les corridors et les escaliers sont balayés tous les jours ; le samedi il les fait nettoyer à fond.

Souper des chevaux.

197. Au souper des chevaux, il a soin de faire balayer avant qu'on étende la litière ; il ne se retire qu'après avoir vu qu'elle est faite partout, et que les chevaux ont leur fourrage.

Descente de cheval.

198. Chaque fois qu'on descend de cheval, ou qu'un détachement rentre, il empêche qu'on ne desselle les chevaux avant le moment prescrit, et jusqu'alors il exige que les chevaux soient attachés au râtelier par la

longe du licou, assez court pour qu'ils ne
puissent pas se rouler ; lorsqu'on a dessellé,
il fait mettre les selles à l'air ou au soleil ; il
en fait battre et nettoyer les panneaux avant
qu'elles soient remises en place ; il veille à ce
que les chevaux soient bouchonnés (1).

Remise des fourrages, des ustensiles d'écurie et des consignes.

199. Le dimanche, après la garde montante, il fait faire en sa présence, par le brigadier qui descend de semaine, à celui qui
prend la semaine, la remise des fourrages,
ainsi que celle des ustensiles d'écurie et des
consignes.

Détenus et malades à l'infirmerie.

200. Il veille à ce que les hommes de l'escadron, détenus dans les salles de police ou
dans les prisons du quartier, ainsi que les
malades à l'infirmerie, soient rasés deux fois
par semaine par le perruquier de l'escadron,
et à ce que, le dimanche, il leur soit fourni
du linge blanc par les soins de leur ordinaire;
il en est responsable.

Cas où le maréchal des logis de semaine est forcé de
s'absenter.

201. Il ne peut s'absenter du quartier,
même pour le service, sans l'autorisation de

---

(1) *Voir* plus haut, pag. 95, la circulaire du 18 décembre
1846 (*Journ. milit.*, p. 654).

l'adjudant de semaine ; il se fait alors remplacer par le brigadier de semaine.

CHAPITRE XX.

FOURRIERS.

Fonctions générales.

202. Le maréchal des logis-fourrier est aux ordres immédiats du maréchal des logis chef ; il tient, sous la direction de celui-ci, tous les registres et fait les écritures et les états relatifs aux détails de l'escadron.

Il est chargé du casernement.

Il remplace au besoin le maréchal des logis chef pour les réceptions et les distributions d'effets d'habillement, de grand et de petit équipement, de harnachement et d'armement.

Il assiste aux exercices et aux évolutions ; il est exempt de se trouver aux pansages.

Le fourrier de l'état-major remplit les fonctions de fourrier près du peloton hors rang.

Corvées et distributions.

203. Le fourrier fait connaître au brigadier de semaine le nombre d'hommes à fournir pour les corvées ; il aide à leur rassemblement.

Il reçoit les distributions ; il est responsable de toute erreur. Il ramène au quartier les hommes de corvée, et fait la répartition de ce qu'il a reçu.

Brigadier-fourrier.

204. Le brigadier-fourrier seconde le maréchal des logis-fourrier dans ses fonctions et fait une partie des écritures, suivant ce qui est déterminé par le maréchal des logis chef.

Il tient le livre d'ordres; il est responsable de sa régularité; il le communique, dès qu'il y a de nouveaux ordres, aux officiers de l'escadron, dont la signature justifie qu'il le leur a présenté. Il leur transmet immédiatement les ordres donnés à la garde montante ou dans la journée, et dont il importe qu'ils aient connaissance.

Il se trouve aux exercices et aux évolutions; il est exempt de se trouver aux pansages. Aux appels qui précèdent les pansages, il donne lecture des ordres à l'escadron.

CHAPITRE XXI.

BRIGADIERS.

Devoirs généraux.

205. Les brigadiers doivent donner l'exemple de la bonne conduite, de la subordination et de l'exactitude à remplir leurs devoirs.

Ils surveillent les cavaliers en tout ce qui tient au bon ordre et à la tranquillité publique; ils sont particulièrement chargés de tout ce qui est relatif au service, à la tenue, à la police et à la discipline de leur escouade.

Ils doivent user au besoin des moyens de répression que la présente ordonnance leur accorde, et, si ces moyens sont insuffisants, en appeler à l'autorité de leurs supérieurs ; mais ils ne doivent jamais oublier que la manière la plus sûre de se faire respecter et obéir est de se conduire envers leurs subordonnés avec fermeté et douceur, sans familiarité ni brusquerie.

Le jour du prêt, ils reçoivent du maréchal des logis chef, pour les hommes de leur escouade, les centimes de poche du prêt échu ; ils les leur distribuent immédiatement ; il ne peut y être fait d'autre retenue que celle qui est prescrite pour les hommes punis.

Ils forment les recrues de leur chambrée aux détails du service intérieur ; ils leur enseignent la manière d'entretenir dans le plus grand état de propreté leurs armes et leurs effets d'habillement, d'équipement et de harnachement.

Ils leur apprennent aussi à rouler le manteau, à placer les effets dans le porte-manteau, à faire les crins et à trousser la queue.

Ils pansent chaque jour leur cheval, excepté quand ils sont de service ou de semaine ; dans ce cas, le cheval est pansé par corvée.

Ils sont exempts des corvées auxquelles

sont assujettis les cavaliers; ils font seulement celles du fourrage pour leur cheval.

Ils ne montent pas de garde d'écurie.

Ils alternent dans chaque escadron pour
le service de semaine et de détachement, et
roulent sur tout le régiment pour les gardes,
les plantons et les corvées.

Manière de panser un cheval.

206. Les brigadiers sont chargés d'in-
struire les recrues à panser leur cheval ; le
pansage s'exécute de la manière suivante :

Le cheval est attaché par les rênes du bridon, la tête un peu haute.

Le cavalier relève le frontal sur la nuque
et déboucle la sous-gorge.

Il tient l'étrille de la main droite, se place
près de la croupe, saisit la queue de la main
gauche et passe doucement l'étrille sur toutes
les parties charnues du côté droit, allant successivement de la croupe à l'encolure et de
l'encolure à la croupe. Il étrille ensuite le
côté gauche, tenant la queue de la main
droite et l'étrille de la main gauche. Il évite
de passer l'étrille sur les parties osseuses et
sur les parties de la peau dont le tissu est
trop mince pour supporter le frottement de
cet instrument.

Avant de bouchonner, il enlève la crasse
à coups légers d'époussette ; il prend ensuite
le bouchon, s'approche de la tête du cheval et
en frotte toutes les parties ; il bouchonne le

côté droit et le côté gauche et frotte avec force les membres et les parties qui n'ont pas été étrillés.

Avant de brosser, il donne un coup d'époussette; tenant ensuite la brosse de la main droite, et l'étrille les dents en dessus, de la main gauche, il se replace à la croupe du cheval, passe la brosse successivement sur toutes les parties, d'abord à rebrousse-poil, puis dans le sens du poil. Il brosse de même le côté droit; à chaque coup de la brosse, il la passe sur les lames de l'étrille, pour enlever la crasse; lorsque l'étrille en est chargée, il la frappe à petits coups sur un corps dur, en arrière du cheval.

Avant d'éponger, le cavalier donne un dernier coup d'époussette, et, prenant d'une main l'éponge imbibée d'eau et de l'autre le peigne, il éponge les yeux et les naseaux; puis, imprégnant d'eau les crins du toupet et de la crinière, il y passe le peigne pour les démêler. Il lave le dessous de la queue et le fourreau du cheval; il éponge toute la queue dont il peigne la partie supérieure; il passe l'éponge légèrement humide sur les extrémités; il essuie toutes les parties du corps du cheval avec l'époussette. Durant les grands froids, les chevaux ne sont pas épongés.

Quand la queue est crottée, le cavalier frotte les crins les uns contre les autres; il trempe ensuite le fouet dans l'eau.

Il ne passe jamais le peigne dans les crins
du fouet, pour ne pas les arracher.

BRIGADIER DE CHAMBRÉE.

Logement et casernement.

207. Le brigadier loge avec les hommes
de son escouade. En prenant une chambre,
il reconnaît avec le fourrier le nombre, l'espèce et la qualité des objets de casernement
qu'elle contient ; il veille à leur conservation. Le fourrier en dresse l'état ; le brigadier le signe avec lui.

Devoirs au lever.

208. Au réveil, il fait lever les cavaliers ;
il en envoie de suite à l'écurie le nombre nécessaire pour donner le déjeuner aux chevaux et aider à nettoyer les écuries ; les autres cavaliers découvrent les lits et roulent
les manteaux, s'il a été permis de s'en servir.

Avant l'appel du matin, il fait ouvrir les
fenêtres pour renouveler l'air.

Quand des cavaliers manquent au pansage, il rend compte des motifs de leur absence au maréchal des logis chef ; il l'informe de l'heure à laquelle sont rentrés ceux
qui, par permission ou autrement, n'étaient
pas à l'appel du soir. Il lui donne le nom des
malades ; dans un cas grave, il va lui-même
chercher le chirurgien-major ; pendant la
nuit, il avertit le maréchal des logis de

garde, qui envoie appeler le chirurgien par un homme de service.

Soins de propreté ; hommes de service.

209. Il veille à ce que les cavaliers se nettoient la tête et se lavent le visage et les mains. Il fait faire les lits et mettre tous les effets dans l'état de propreté et d'arrangement prescrit. Il fait préparer les hommes commandés de service et ceux qui sont désignés pour les classes d'instruction.

Un cavalier, commandé à tour de rôle parmi ceux de la chambrée, nettoie la table, les bancs, balaie la chambre, dépose les ordures dans le corridor, et enlève la poussière du râtelier d'armes et de la planche à pain.

Police de la chambrée.

210. Le brigadier de chambrée réprime tout ce qui se fait et se dit contre le bon ordre ; il fait cesser les jeux, lorsqu'ils occasionnent des querelles ; il fait coucher les hommes ivres ; lorsqu'ils troublent l'ordre, il charge des hommes de la chambrée, et, au besoin, des hommes de garde, de les conduire à la salle de police.

Il empêche de fumer au lit, de battre les habits dans les chambres, de se servir des draps ou des couvertures pour s'essuyer, et de retirer de la paille des paillasses ; il s'oppose à ce que les cavaliers se couchent sur les lits avec leurs bottes ou leurs souliers ; il

veille à ce qu'ils ne placent aucun effet entre
la paillasse et le matelas.

Rapports.

211. Il rend compte au maréchal des logis
de semaine et à celui de peloton des punitions qu'il a infligées et de tout ce qui intéresse le service et la discipline. En cas d'é-
vénement imprévu, tel que désertion, duel,
vol, il en informe sur-le-champ le maréchal
des logis de peloton, et, à son défaut, celui
de semaine ou le maréchal des logis chef.

Effets prêtés ; visite des porte-manteaux.

212. Il s'oppose à ce que les cavaliers se
prêtent leurs effets d'habillement, de grand
équipement, de harnachement ou d'armement.

Quand il soupçonne un homme d'avoir
vendu des effets ou d'en recéler de perdus
ou volés, il prévient le maréchal des logis
chef ou, à son défaut, le maréchal des logis
de peloton, qui visite aussitôt le porte-manteau de cet homme, en présence du brigadier et d'un cavalier. On en agit de même à
l'égard des hommes qui, ayant manqué à
l'appel du soir, ne sont pas rentrés le matin.

Devoirs à l'appel.

213. Le brigadier de chambrée fait l'appel
du soir à haute voix, en présence de l'officier
de semaine ou du maréchal des logis chef,
lorsqu'il passe dans les chambres. Il empêche

8.

les cavaliers de se servir de leur bonnet de police pour la nuit; il ne permet de se couvrir avec les manteaux que lorsque l'autorisation en a été donnée au rapport. Il s'assure que l'homme de corvée a rempli la cruche d'eau. Il fait éteindre la lumière au signal donné.

S'il s'aperçoit qu'un homme soit sorti après l'appel, il en rend compte sur-le-champ au maréchal des logis chef.

Visites d'officiers.

214. Quand un officier entre dans une chambre, le brigadier commande : *fixe ;* les cavaliers se lèvent, se découvrent, s'ils sont en bonnet de police, gardent le silence et l'immobilité jusqu'à ce que l'officier soit sorti ou qu'il ait commandé : *repos.* Si c'est un officier supérieur, le brigadier commande : *à vos rangs ;* les cavaliers se placent au pied de leurs lits; lorsqu'ils y sont, le brigadier commande : *fixe.*

Tenue des chambres.

215. Le nom de chaque cavalier est écrit sur une planchette placée à la tête de son lit; il l'est en outre sur une planchette de plus petite dimension au-dessus de ses pistolets, sabres, fourniments, brides, etc.

Le livret d'ordinaire et le cahier servant à l'inscription des quittances des fournisseurs sont suspendus à un clou, au-dessus du lit du chef d'ordinaire.

Les effets sont placés de la manière suivante :

Sur la première planche, le sac à distribution (il couvre les effets les jours ordinaires) : l'habit plié en deux, la doublure en dehors (pour les hussards, la pelisse et le dolman contenant la ceinture ; la veste d'écurie, le pantalon de drap, le pantalon d'écurie, le pantalon blanc, le porte-manteau, dans lequel se trouvent le linge blanc, le cordon de schako, la trousse, les gants, le plumet et le livret ; le linge sale entre la patte et le porte-manteau ; au-dessus du porte-manteau, le bonnet de police à plat, la houpette tournée extérieurement, le casque ou le shako couvert de sa coiffe sépare sur cette planche les effets de chaque homme.

Sur la seconde planche : la couverte du cheval, la shabraque, le manteau roulé, le surfaix derrière le manteau, les bottes au-dessus de la coiffure, les éperons tournés en dehors.

Les mousquetons, les pistolets et les lances sont placés au râtelier d'armes ; les chiens des armes à feu sont abattus.

Les sabres sont suspendus par leur ceinturon ; les cuirasses, les fourniments et les brides sont accrochés à des chevilles ; les musettes et les bridons sont à la tête des lits.

Les jours d'inspection, les sabres sont hors du fourreau, les shakos découverts, les sacs à distribution pliés en deux.

A défaut de sellerie, les selles sont placées dans les corridors, de manière à ne pas s'endommager ; elles sont étiquetées à la lettre de l'escadron, au nom de l'homme et à celui du cheval.

Quand les localités ne se prêtent pas complétement à toutes ces dispositions, on s'en rapproche le plus possible. Dans tous les cas, les chambres sont tenues uniformément, dans l'ordre le plus favorable à la conservation des effets, et de manière à ce que les cavaliers puissent monter promptement à cheval avec armes et bagages.

Soins de propreté le samedi et le dimanche.

216. Le samedi, dans la journée, le brigadier fait battre les couvertures, les matelas, les shabraques et les manteaux, laver les tables et les bancs, blanchir la buffleterie, nettoyer les armes et mettre tout dans le plus grand état de propreté pour l'inspection du lendemain.

Le dimanche, il s'assure que tous les cavaliers mettent du linge blanc.

Il veille également a ce qu'ils se lavent les pieds au moins une fois par semaine.

Le premier samedi de chaque mois, il fait nettoyer les vitres en dehors et en dedans.

Entretien du linge et de la chaussure.

217. Il veille à ce que le linge soit raccommodé après le blanchissage, et à ce que

la chaussure soit constamment tenue en bon état.

Cas d'absence.

218. En l'absence du brigadier de chambrée, et à défaut d'un autre brigadier logé dans la chambre, son autorité et sa responsabilité passent au plus ancien cavalier de première classe.

BRIGADIER CHEF D'ORDINAIRE.

Vérification du livret d'ordinaire.

219. La veille du prêt, le brigadier chef d'ordinaire présente à la vérification de l'officier chargé de la surveillance de l'ordinaire le livret servant à l'inscription des recettes et des dépenses (*modèle I*).

Prêt.

220. Chaque jour, il porte le livret au maréchal des logis chef, qui y inscrit la somme revenant à l'ordinaire, en raison du nombre d'hommes y mangeant ce jour-là, et l'àcompte remis par le capitaine pour les dépenses du lendemain.

A l'expiration de chaque prêt, les autres articles de recette provenant des punitions, des services payés, des travailleurs, etc., sont inscrits au livret d'ordinaire par le maréchal des logis chef, et le compte des recettes et des dépenses est réglé entre lui et le brigadier.

Il n'est jamais fait de décompte sur l'argent de l'ordinaire ; ce qui n'a pas été consommé dans un prêt est reporté au prêt suivant.

Toutes les subsistances, excepté le pain de munition, sont en commun ; il en est de même des ingrédients pour blanchir la buffleterie, nettoyer les armes, cirer la giberne, les bottes et le harnachement, laver les pantalons de toile, soit qu'on emploie ces ingrédients en commun, soit qu'on les distribue à chaque homme.

Le blanchissage est également payé sur le prêt, à raison d'une chemise et d'un mouchoir par homme et par semaine. Le lundi matin, le brigadier fait rassembler le linge sale et le remet à la blanchisseuse, qui le rapporte le samedi (1).

Police des repas.

221. Aucun brigadier ou cavalier ne peut

---

(1) Un décret impérial du 10 décembre 1853, inséré au *Journal militaire*, pag. 446, contient les dispositions suivantes :

ART. 1er. *A partir du 1er janvier 1854, et au fur et à mesure de l'installation de buanderies militaires dans les diverses garnisons, la masse individuelle du soldat supportera toutes les dépenses de blanchissage au moyen d'un abonnement trimestriel fixé par le règlement ministériel à intervenir.*

2. *Dans le cas prévu par l'article ci-dessus, le dernier paragraphe des art. 170 et 220 des ordonnances du 2 novembre 1833 cessera d'avoir son effet.*

être dispensé de manger habituellement à l'ordinaire, qu'en vertu d'une permission du capitaine en second, approuvée par le capitaine commandant, qui en rend compte au rapport. Cette permission ne peut être refusée à l'homme marié dont la femme a obtenu l'autorisation de rester au régiment.

Le brigadier d'ordinaire veille à ce que la distribution des aliments se fasse avec une exacte justice.

Corvée de soupe; soupe portée à l'extérieur ou mise à part.

222. Le brigadier commande, à tour de rôle, les cavaliers pour faire la soupe; les cuisiniers sont toujours en blouse et en pantalon de cuisine.

Le brigadier fait porter la soupe aux hommes de garde; il la fait aussi porter aux gardes d'écurie, lorsqu'ils ne peuvent venir la manger à l'ordinaire; il fait conserver chaude la soupe des hommes de service, lorsqu'ils ne peuvent la manger qu'à leur retour.

Il fait mettre de côté les subsistances des détenus.

Il n'est pas conservé de soupe pour les hommes qui ne sont pas présents à l'heure prescrite ; il est défendu d'en mettre à part, si ce n'est pour les sous-officiers qui seraient forcés de vivre à l'ordinaire.

Achats.

223. Le chef d'ordinaire achète des den—

rées saines et nourrissantes, et dont les prix
sont des moins élevés ; la viande de bœuf
réunissant ces conditions est habituellement
la seule en usage ; il en est mis à l'ordinaire,
autant que possible, une demi-livre par
homme.

Lorsque le brigadier va faire les achats, il
est en tenue et armé de son sabre ; il est accompagné par un cavalier en tenue d'écurie,
qui a la faculté de débattre les prix et d'aller
à d'autres marchands, et qui rapporte les
provisions. A son retour, le brigadier inscrit
les dépenses sur le livret d'ordinaire, en présence de ce cavalier, dont il mentionne le
nom.

Les fournisseurs doivent être payés comptant et en présence des cavaliers de corvée ;
il est défendu aux chefs d'ordinaire d'acheter
à crédit ; le cahier des quittances doit chaque
jour justifier des paiements faits aux boulangers, bouchers et épiciers. Toute remise, tout
arrangement illicite entre les fournisseurs et
le chef d'ordinaire, sont absolument interdits ; ils entrainent le changement immédiat
des premiers et la punition sévère du second ;
le brigadier encourt toujours la suspension,
et, au besoin, la cassation ; si son nom figure
sur le tableau d'avancement, il en est rayé.

Lorsque le chef d'ordinaire est de service,
il est remplacé par un brigadier de l'ordinaire, désigné à l'avance par le capitaine
commandant.

Surveillance à l'égard du cuisinier.

224. Le chef d'ordinaire veille à ce que le cuisinier fende le bois dans la cour et remette les ustensiles de cuisine, dans le plus grand état de propreté, au cuisinier qui le relève.

Le chauffage et les légumes sont placés dans un endroit de la cuisine où ils ne puissent pas gêner. La viande est pendue à l'air et garantie du soleil et des mouches.

SERVICE DE SEMAINE.

Corvées; consignés; classes d'instruction.

225. Le brigadier de semaine est chargé de commander et de réunir les cavaliers pour les corvées et les distributions.

Il se trouve à la garde montante. Il aide le maréchal des logis de semaine dans la réunion des classes d'instruction. Il assiste aux appels des consignés; il présente ceux de l'escadron au maréchal des logis de garde.

Le contrôle de l'escadron lui est remis par le brigadier qu'il relève.

Déjeuner des chevaux.

226. Il se trouve le matin aux écuries pour distribuer le déjeuner des chevaux, faire relever la litière (1), faire sortir le fumier et faire balayer les écuries.

---

(1) On laisse la litière sous les pieds des chevaux pen—

S'il y a des billots perdus, il en rend compte au maréchal des logis de semaine, qui les fait remplacer.

Distribution de l'avoine et de la paille.

227. Il distribue l'avoine aux cavaliers chargés de la donner à chaque ordinaire de chevaux ; il veille à ce que les musettes qui la contiennent soient placées de manière à ne pouvoir être renversées. Elle est distribuée aux chevaux après leur rentrée de l'abreuvoir ; pendant qu'ils la mangent, le brigadier donne la paille : et quand elle est dans les râteliers, il fait balayer le devant des écuries.

Propreté du quartier.

228. Après la soupe du matin, il rassemble les hommes de corvée pour leur faire

---

dant une semaine et même pendant un plus long espace de temps, si l'état de l'atmosphère ne permet pas de procéder à jour fixe à son enlèvement. Les gardes d'écurie reçoivent l'ordre de ne jamais toucher à la couche qui repose sur le sol. Aussitôt après le réveil, on commence à répartir la litière sèche d'une manière égale, afin que les chevaux puissent se reposer sur un lit dont la surface horizontale ne soit pas imprégnée d'humidité. A la suite de cette opération, les gardes d'écurie sont munis de vannettes destinées à recevoir les crottins au fur et à mesure qu'ils sont évacués, et doivent les ramasser tout moulés, sans jamais les écraser. A la fin de la semaine, la litière est enlevée, les portions qui ont absorbé les urines sont jetées au fumier et les parties sèches sont replacées sous les pieds des chevaux (*Circul. minist. non insérée au Journ. milit.*, *du 5 mars 1848*).

nettoyer les corridors et les escaliers ; il les
conduit au maréchal des logis de garde lorsqu'ils doivent nettoyer les cours.

Gardes d'écurie ; dîner des chevaux.

229. Les gardes d'écurie s'assemblent en
même temps que la garde montante ; les brigadiers de semaine les conduisent à leur poste
après que la garde a défilé et que l'ordre a
été donné.

Le brigadier de semaine vérifie l'état des
ustensiles d'écurie après que les gardes d'é-
curie se les sont consignés en sa présence ; il
en fait payer la réparation ou le remplacement quand il y a lieu.

Il délivre le fourrage pour le dîner des
chevaux, et s'assure de la propreté de l'écurie avant de la quitter.

Fourrages.

230. Il rassemble avec le fourrier les cavaliers pour les corvées de fourrages , va avec
eux à la distribution et ramène ceux qui sont
chargés du foin et de la paille ; il s'assure de
l'exactitude du compte des rations ; il en est
responsable quand il les a reçues.

Quand il distribue le fourrage , il le fait
partager également entre les ordinaires.

Portes et fenêtres des écuries ; souper des chevaux.

231. Il fait ouvrir les portes et fenêtres

des écuries, excepté dans les fortes gelées ou lorsque, dans les grandes chaleurs, le soleil gênerait les chevaux.

Un quart-d'heure avant la sonnerie pour le souper des chevaux, il se trouve aux écuries pour le distribuer ; il fait faire la litière, voit si les chevaux sont bien attachés, si les lampes sont suffisamment garnies et si les gardes d'écurie sont à leur poste (1).

Détenus.

232. Il est habituellement chargé de con-

---

(1) Une circulaire ministérielle, du 22 juillet 1841, insérée au *Journal militaire*, p. 84, contient les dispositions suivantes :

En hiver, l'écurie est éclairée comme de coutume, le soir, pour donner le repas des chevaux, faire la litière et nettoyer l'écurie; le matin, à l'heure du réveil.

Dès que l'écurie est faite, toutes les lumières sont éteintes. Un seul réverbère est conservé allumé, mais dans un corridor ou endroit séparé, et il est placé de manière que la lumière ne puisse jamais pénétrer dans l'écurie.

Des lanternes portatives sont à la disposition des gardes d'écurie, afin qu'ils puissent se procurer immédiatement de la lumière et porter secours aux chevaux qui en auraient besoin.

S'il fallait monter à cheval pendant la nuit, ces lanternes serviraient, en outre, à rallumer promptement les réverbères et à éclairer les cavaliers pour seller.

Le plus grand silence est recommandé aux gardes d'écurie et aux sous-officiers de ronde pendant la nuit.

En été, l'éclairage momentané du soir et du matin devient inutile en raison de la longueur des jours; mais les réverbères n'en sont pas moins tenus en état d'être allumés sans retard, et, en cas de besoin imprévu, pendant la nuit.

duire à la salle de police les hommes qui y
sont condamnés, de les en faire sortir pour
le service, l'instruction ou les corvées, et de
les y faire rentrer ensuite.

Aux heures de la soupe, il fait réunir les
subsistances des détenus; il conduit au maréchal des logis de garde le cavalier de corvée qui les porte.

Cas où le brigadier de semaine s'absente du quartier.

233. Le brigadier de semaine ne s'absente
pas du quartier, même pour le service, sans
l'autorisation du maréchal des logis de semaine. Lorsque celui-ci est absent, il le remplace.

Remise du service.

234. Le dimanche, il ne quitte son service
qu'après avoir remis au brigadier qui le relève, en présence du maréchal des logis qui
descend la semaine et de celui qui la prend,
les ustensiles et les consignes d'écurie.

CHAPITRE XXII.

CAVALIERS DE PREMIÈRE CLASSE.

Comment choisis.

235. Les cavaliers de première classe sont
choisis parmi les cavaliers admis à l'école
d'escadron, qui ont au moins six mois de
service, et qui ont mérité cette distinction

par leur bonne conduite, leur zèle, leur tenue et leurs progrès en équitation.

Ils sont désignés par le colonel, sur la proposition de l'officier de peloton, l'approbation du capitaine-commandant et l'avis du chef d'escadrons.

A la guerre, un acte d'intrépidité, une bravoure soutenue, dispensent de l'ancienneté.

Service et corvées.

236. Les cavaliers de première classe font le même service et sont sujets aux mêmes corvées que ceux de deuxième classe.

Ils entrent en nombre proportionnel dans la composition des différents services.

Lorsqu'un brigadier de chambrée s'absente, son autorité passe, à défaut d'autres brigadiers, au plus ancien cavalier de première classe de la chambrée.

Les escouades auxquelles il n'est point attaché de brigadiers sont commandées par le plus ancien cavalier de première classe qui s'y trouve.

CHAPITRE XXIII.

TROMPETTES.

Police et instruction.

237. Les trompettes, gagistes (1) ou au-

---

(1) Aux termes de la décision ministérielle du 8 juin

tres, sont, pour leur service et leur instruction, sous les ordres du trompette maréchal des logis et du trompette brigadier ; ils sont soumis à la police des chambrées dans lesquelles ils logent.

Le trompette maréchal des logis et le trompette brigadier sont chargés d'enseigner aux trompettes les sonneries de l'ordonnance et d'en former un nombre suffisant pour les fanfares. Le trompette maréchal des logis rend compte de l'instruction des trompettes à l'officier chargé de cette surveillance.

Quand des troupes de différents corps occupent le même quartier, les trompettes maréchaux des logis prennent les ordres de leurs colonels, pour ajouter aux sonneries un signal distinctif qui empêche que le service ne soit confondu entre les corps.

Réunion du régiment ; garde montante.

238. Chaque fois que le régiment se réunit, le trompette maréchal des logis fait l'appel des trompettes et le rend à l'adjudant de semaine.

Le trompette maréchal des logis et le trompette brigadier assistent alternativement à la garde montante.

Retraite.

239. Le trompette maréchal des logis et le

1839, il ne doit plus être admis de mucisiens gagistes dans les corps (*Journ. milit.*, p. 330).

trompette brigadier se trouvent alternativement à la retraite; celui qui est de service réunit au quartier les trompettes et les conduit sur la place d'armes.

La retraite est sonnée sur tous les points indiqués par l'adjudant.

Avant de rentrer, les trompettes la sonnent toujours devant le quartier.

Service et corvées.

240. Les trompettes roulent ensemble pour le service de garde et de détachement. Le trompette maréchal des logis ne commande pas à la fois deux trompettes du même escadron.

Il y a tous les jours un trompette de service au quartier pour exécuter toutes les sonneries; il est aux ordres de l'adjudant-major, de l'adjudant de semaine et du maréchal des logis de garde.

Les trompettes sont exempts des corvées de l'escadron, ils font celles de la chambrée et du fourrage. Ils roulent avec les cavaliers de l'escadron pour les gardes d'écurie.

Cas de partage du régiment.

241. Quand le régiment est divisé, le trompette maréchal des logis marche avec les escadrons que commande le colonel, et le trompette brigadier avec les autres; les trompettes suivent leurs escadrons respectifs.

CHAPITRE XXIV.

PELOTON HORS RANG.

Dispositions générales.

242. Le nombre des cavaliers qui font partie du peloton hors rang peut, selon les besoins, être augmenté ou diminué par des mutations entre ce peloton et les escadrons; ces mutations sont autorisées par le colonel, sur la proposition du major et l'avis du lieutenant-colonel.

Les cavaliers du peloton hors rang sont de préférence choisis parmi les hommes admis à l'escadron.

Logement; ordinaires; police.

243. Les brigadiers et les cavaliers du peloton hors rang logent et font ordinaire ensemble. Ils sont assujettis, en ce qui concerne la police, la tenue et l'ordinaire, aux mêmes règles que ceux des escadrons (1).

Service; corvées.

244. Ils sont habituellement exempts de service; ils vont aux distributions et aux corvées relatives à leur peloton.

---

(1) Le brigadier second prévôt est chargé des détails de l'infirmerie régimentaire (*Décis. minist. du 11 février 1834, Journ. milit.*, p. 33).

9.

Inspections et instruction.

245. Ils sont inspectés et exercés à pied le dimanche ; leur travail à cheval est subordonné aux besoins des ateliers ; ceux qu'on destine à suivre les escadrons de guerre sont particulièrement exercés avec le régiment aux marches militaires.

Les hommes du peloton hors rang qui font entretenir leurs armes et leurs effets d'équipement par des cavaliers des escadrons leur paient un franc cinquante centimes par mois.

Salaires des ouvriers aux ateliers ; versements aux masses individuelles.

246. Le tarif des salaires à payer aux ouvriers par les maîtres ouvriers est arrêté par le conseil d'administration, sur la proposition du major.

Si leur masse individuelle n'est pas complète, il est exercé sur le produit de leur travail une retenue déterminée par le major.

TITRE II.

DEVOIRS GÉNÉRAUX ET COMMUNS AUX DIVERS GRADES.

CHAPITRE XXV.

RAPPORT JOURNALIER (1).

Rapport journalier.

247. Tous les matins, les maréchaux des logis chefs présentent à leur capitaine-commandant le rapport des vingt-quatre heures, contenant la situation, les demandes et les punitions des sous-officiers, des brigadiers et des cavaliers, et toutes les mutations (*modèle* K).

Le capitaine vérifie et signe le rapport, après y avoir ajouté les demandes des officiers de son escadron, ainsi que ses observations.

Les maréchaux des logis chefs remettent ces rapports et les pièces à l'appui des mutations à l'adjudant de semaine, au moins une heure avant celle de la réunion du rapport. L'adjudant en forme le rapport général

---

(1) La salle de théorie doit servir également à la réception des rapports journaliers (*Décis. minist. du 2 avril 1834, Journ. milit.*, p. 120).

(*modèle* L), après y avoir ajouté celui de la
garde de police, et le signe. L'adjudant-major de semaine le vérifie et fait sonner à l'ordre à l'heure fixée. Les rapports des escadrons sont rendus, avec les pièces à l'appui,
aux maréchaux des logis chefs.

L'adjudant - major, le chirurgien - major,
l'adjudant, le vétérinaire en premier, les maréchaux des logis chefs , le trompette maréchal des logis, un des sous-officiers attachés
à l'instruction et le fourrier d'état-major, se
réunissent dans la salle du rapport.

Le chef d'escadrons de semaine s'y trouve,
prend connaissance du rapport et recueille
tous les renseignements nécessaires.

Le lieutenant-colonel reçoit le rapport chez
lui ; il en fait la lecture ou la fait faire à haute
voix ; il y fait inscrire par l'adjudant - major
les demandes des officiers de l'état-major.

Il se rend ensuite chez le colonel, accompagné du chef d'escadrons, de l'adjudant-major et de l'adjudant. Il lui rend compte des
punitions infligées aux officiers et prend ses
ordres.

Le major se rend directement chez le co-
onel.

Le colonel prononce sur les objets contenus au rapport, et donne tous les ordres relatifs au service.

L'adjudant-major fait prendre par l'adjudant et prend lui-même une note écrite de
toutes les décisions du colonel. L'adjudant

retourne sur-le-champ au quartier pour les communiquer aux maréchaux des logis chefs. Il informe les officiers de l'état-major des dispositions qui les regardent.

Les maréchaux des logis chefs vont rendre compte aux capitaines-commandants des décisions du colonel ; ils font communiquer, par les brigadiers fourriers, aux autres officiers de l'escadron, les ordres qui concernent ces officiers.

A l'heure indiquée, les rapports des escadrons sont portés au major par les fourriers, avec les pièces à l'appui des mutations. Le major, après avoir vérifié les mutations, vise les rapports et les envoie au trésorier avec les pièces.

Le rapport du peloton hors rang est conforme à celui des escadrons ; le vaguemestre l'établit, le présente à la signature de l'officier d'habillement et le porte ensuite au trésorier, qui y inscrit les mutations du grand et du petit état-major ; ce rapport, après avoir été transcrit par l'adjudant de semaine sur le rapport général, reçoit la même destination que ceux des escadrons.

Le rapport journalier du capitaine instructeur (*modèle* M) comprend les mutations, les demandes et les observations relatives à l'instruction ; il n'est point transcrit sur le rapport général.

Lorsque l'intérêt du service ne s'y oppose pas, le lieutenant-colonel peut quelquefois, avec l'agrément du colonel, être suppléé au rapport par le chef d'escadrons de semaine. Dans ce cas, l'adjudant-major va lui donner communication des décisions du colonel.

Lorsque le régiment occupe plusieurs casernes, un adjudant ou un maréchal des logis chef par caserne accompagne le lieutenant-colonel chez le colonel, afin de recevoir de l'adjudant de semaine les décisions sur le rapport et les ordres donnés par le colonel, et de les communiquer immédiatement aux maréchaux des logis chefs des escadrons logés avec lui.

CHAPITRE XXVI.

MARQUES EXTÉRIEURES DE RESPÈCT.

Devoirs généraux.

248. Tout militaire doit, en toutes circonstances, même hors du service, de la déférence et du respect aux grades qui sont supérieurs au sien, quels que soient l'arme et le corps auxquels appartiennent ceux qui en sont revêtus.

L'inférieur prévient le supérieur en le saluant le premier; le supérieur rend le salut (1).

---

(1) Les chirurgiens-majors doivent le premier salut aux officiers supérieurs, et les aides-majors aux capitaines (*Solut. ministérielle du* 20 *février* 1835, *Journ. milit.*, p. 44).

Les officiers de santé des corps de troupe ne sont pas

Formes du salut.

249. Le salut des officiers consiste à porter la main droite au casque ou au shako, ou à se découvrir lorsqu'ils sont en bonnet de police.

Les sous-officiers et les cavaliers saluent en portant la main droite au côté droit de la visière du casque ou du shako, ou du turban du bonnet de police, la paume de la main en dehors, le coude à hauteur de l'épaule.

A cheval, les officiers, les sous-officiers et les cavaliers saluent en portant la main droite à la coiffure, quelle qu'elle soit.

Tout sous-officier ou soldat qui est assis se lève pour saluer un officier et se tourne de son côté.

Le salut ne se renouvelle pas dans une promenade ou dans tout autre lieu public.

Lorsque les officiers sont en casque ou en shako, ils ne se découvrent chez leur supérieur qu'après l'avoir salué. Les sous-officiers et les cavaliers ne se découvrent que lorsque le supérieur les y autorise.

Tout sous-officier ou cavalier, parlant à un officier, prend une attitude militaire ; s'il est en bonnet de police, il le tient à la main

---

astreints au salut envers les officiers d'un grade inférieur à celui de chef de bataillon ou d'escadron, à moins que ces officiers ne soient commandants provisoires de corps ou chefs de détachements (*Décis. minist. du 7 juillet* 1853, *Journ. milit.*, p. 5).

jusqu'à ce que l'officier l'autorise à se couvrir (1).

Salut à l'égard des *officiers de l'intendance militaire et des fonctionnaires civils.*

250. Les *officiers* de l'intendance militaire ont droit au salut des militaires, *suivant leur rang d'assimilation.*

Y ont encore droit les fonctionnaires civils en costume, les officiers de santé militaires et les vétérinaires militaires (article modifié par la décision royale du 8 juillet 1835, *Journ. milit.*, p. 39, et le règlement du 12 juin 1852, *Journ. milit.*, p. 522) (2).

Plantons et ordonnances.

251. En passant près des officiers, les plantons et ordonnances à pied avec le mousqueton (le fusil ou la lance dans les corps qui ont cet armement) portent l'arme sans s'arrêter.

Quand ils sont chargés d'une dépêche, ils la remettent de la main gauche et vont at-

---

(1) *Les marques de respect sont dues par les sous-officiers, brigadiers et cavaliers, aux officiers en uniforme, en toutes circonstances et sans aucune distinction de tenue, d'arme ou de grade* (Décis. minist. du 15 janvier 1847, Journ. milit., p. 10).

(2) *Les militaires décorés de la Médaille militaire ont droit au salut des autres militaires du même grade qu'eux qui ne seraient point décorés de la Médaille* (Décis. minist. du 2 mars 1853, Journ. milit., p. 139).

tendre à quelques pas de distance, et reposés sur l'arme, la réponse ou le reçu.

Si la dépêche est remise à un officier général ou supérieur, l'ordonnance présente l'arme, la contient de la main gauche et remet la dépêche de la main droite.

Les ordonnances à cheval saluent et remettent ensuite la dépêche de la main droite.

CHAPITRE XXVII.

VISITES DU DIMANCHE; VISITES DE CORPS.

Visites du dimanche. — Visites de corps.

252. Le corps d'officiers se rend le dimanche chez le commandant du régiment, à moins que celui-ci n'en ordonne autrement.

Le capitaine en second, les lieutenants et les sous-lieutenants de chaque escadron se réunissent chez le capitaine-commandant; cet officier se rend avec eux chez leur chef d'escadrons, qui les conduit chez le colonel. En l'absence du capitaine-commandant, les lieutenants et sous-lieutenants se réunissent chez le capitaine en second.

Le major, le capitaine instructeur, les adjudants-majors, les officiers comptables, le porte-étendard, les chirurgiens *et les vétérinaires*, se réunissent chez le lieutenant-colonel, qui les conduit chez le colonel.

Toutes les fois que les localités ou le service rendent difficile l'ordre hiérarchique dans les visites, le colonel en dispense plus ou moins.

Il est fait des visites de corps aux personnes qui y ont droit d'après le règlement sur les honneurs et préséances ; elles ne sont faites en grande tenue de service qu'aux princes du sang, aux ministres, aux maréchaux de France, aux lieutenants généraux et aux maréchaux de camp dans l'étendue de leur commandement ou dans leur arrondissement d'inspection, au commandant de la place dans sa place, à l'intendant militaire, *soit dans sa résidence, soit en tournée administrative, soit quand il remplit près d'un corps une mission ministérielle* (1), et enfin au colonel, lorsqu'il vient prendre le commandement du régiment. Les officiers supérieurs et les capitaines ont également droit à une visite en grande tenue des officiers qui sont sous leurs ordres immédiats, le jour où ils sont reçus dans leur emploi.

CHAPITRE XXVIII.

MODE DE RÉCEPTION DES OFFICIERS, DES SOUS-OFFICIERS ET DES BRIGADIERS.

Nominations mises à l'ordre.

253. Les nominations d'officiers, de sous-

---

(1) Modifications apportées à la rédaction du présent paragraphe par la décision royale du 8 juillet 1835 (*Journ. milit.*, p. 39).

officiers, de brigadiers et de cavaliers de première classe, sont mises à l'ordre du régiment.

Réception des officiers.

254. Les officiers sont reçus de la manière suivante :

Le colonel, par le maréchal de camp commandant la brigade ou la subdivision militaire ;

Les officiers supérieurs, les capitaines-commandants et le capitaine instructeur, par le colonel ; cette disposition s'applique aux capitaines en second qui deviennent capitaines-commandants.

Les capitaines en second, les adjudants-majors et le porte-étendard, par le lieutenant-colonel ;

Les lieutenants et les sous-lieutenants, par leur chef d'escadrons ;

Les officiers comptables, par le major.

A défaut des officiers ci-dessus désignés pour procéder aux réceptions, les officiers du grade immédiatement inférieur les suppléent ; le major est suppléé par le chef d'escadrons de semaine.

Pour la réception du colonel et celle du lieutenant-colonel, le régiment monte à cheval, en grande tenue, avec l'étendard.

Les chefs d'escadrons et le major sont reçus à cheval, en grande tenue, sans l'étendard : les chefs d'escadrons se placent devant le centre des escadrons qu'ils doivent commander ; le major se place vis-à-vis du centre du régiment.

Les autres officiers peuvent être reçus, la troupe étant à pied, lors de la première réunion du régiment ; ils se placent devant le front de leur escadron ; les officiers comptables devant le centre du régiment. Le porte-étendard est reçu la première fois que le corps prend les armes avec l'étendard.

L'officier qui doit être reçu se place à la gauche de celui qui le fait recevoir ; l'un et l'autre mettent le sabre à la main ; ils font face à la troupe. Celui qui reçoit fait porter les armes, ou mettre le sabre à la main, et ouvrir un ban ; il prononce à haute voix la formule suivante :

(Pour la réception du colonel.) *De par l'Empereur, officiers, sous-officiers, brigadiers et cavaliers, vous reconnaîtrez pour colonel du régiment M...., et vous lui obéirez en tout ce qu'il vous commandera pour le bien du service et pour l'exécution des règlements militaires.*

Quand l'officier qui procède à la réception est d'un grade inférieur à celui qu'il reçoit, il se place à la gauche et substitue les mots *nous reconnaîtrons et nous lui obéirons* à ceux *vous reconnaîtrez et vous lui obéirez.*

Après la réception, les trompettes ferment le ban.

Les officiers qui avancent en grade sans

changer d'emploi ne sont pas reçus : leur avancement est annoncé par la voie de l'ordre. Il en est de même de la nomination des chirurgiens (1).

Réception des sous-officiers et brigadiers.

255. Les adjudants sont reçus à la garde montante par l'adjudant-major de semaine, en présence de tous les sous-officiers.

Les maréchaux des logis chefs, les maréchaux des logis, les fourriers et les brigadiers sont reçus par le capitaine-commandant, la première fois que l'escadron prend les armes.

Le trompette maréchal des logis et le trompette brigadier sont reçus à la garde montante, en face des trompettes, par l'adjudant-major de semaine.

La formule de réception est la même que pour les officiers. Il n'est point ouvert de ban ; seulement il est sonné un demi-appel pour la réception des adjudants.

CHAPITRE XXIX.

CONSIGNE GÉNÉRALE POUR LA GARDE DE POLICE.

Dispositions générales.

256. Il y a toujours au quartier une garde de police dont la force est déterminée suivant les localités ; elle défile au quartier.

---

(1) Et de celle des vétérinaires, art. 33 du règlement du 12 juin 1852 (*Journ. milit.*, p. 522).

Elle ne reçoit de consignes verbales et journalières que des officiers supérieurs, de l'adjudant-major ou de l'adjudant de semaine ; elle n'en reçoit d'écrites et de permanentes que du commandant du régiment.

Les devoirs généraux prescrits par l'ordonnance sur le service des places sont applicables à la garde de police.

La consigne générale pour la garde de police est affichée dans le corps de garde.

DEVOIRS DU MARÉCHAL DES LOGIS DE GARDE.

Formation de la nouvelle garde.

257. Le maréchal des logis de garde amène la garde montante à la gauche de l'ancienne, ou vis-à-vis, à défaut d'espace ; la garde, quand elle est au-dessous de neuf hommes, n'est formée que sur un rang, le brigadier est à la gauche.

Le maréchal des logis ne fait rompre les rangs que lorsque la garde descendante est partie.

Le maréchal des logis responsable du service.

258. Il est responsable de la ponctualité avec laquelle le brigadier et les sentinelles remplissent leurs devoirs ; il leur fait répéter souvent leurs consignes.

Il est chargé, sous les ordres de l'adjudant de semaine, de faire exécuter toutes les sonneries.

Visite des salles de discipline et prisons; consignés.

259. Il visite , matin et soir , la salle de police, la prison et le cachot ; il reçoit les demandes des détenus. Il fait prévenir les officiers et les sous-officiers auxquels les prisonniers désirent adresser des réclamations.

Il fait fréquemment l'appel des consignés.

Propreté du quartier.

260. Une demi-heure après la soupe du matin, il rassemble les détenus et les consignés ; il leur fait balayer les cours et les latrines ; lorsque leur nombre n'est pas suffisant, il demande des hommes de corvée aux brigadiers de semaine.

Surveillance de la tenue de la troupe.

261. Lorsqu'il n'y a pas à la porte du quartier un maréchal des logis de planton chargé spécialement de surveiller la tenue, cette surveillance appartient au maréchal des logis de garde ; il ne laisse sortir aucun sous-officier, brigadier ou cavalier, que dans la tenue prescrite.

Étrangers entrant au quartier.

262. Lorsqu'un étranger se présente pour entrer au quartier, le maréchal des logis le fait conduire à l'un des adjudants. Il refuse l'entrée aux gens sans aveu et aux femmes qui lui paraissent suspectes.

Fermeture des portes ; rondes aux écuries.

263. A l'appel du soir, il fait fermer par le brigadier les portes du quartier. Il visite ensuite les écuries, regarde si les chevaux ne sont pas détachés ou empêtrés, si les lanternes éclairent suffisamment, si les gardes d'écurie sont à leur poste et dans la tenue prescrite ; cette visite est renouvelée toutes les heures, soit par lui, soit par le brigadier.

Extinction des lumières.

264. A dix heures, il fait sonner pour éteindre les lumières ; il indique dans son rapport les chambres dans lesquelles il a été obligé de passer pour les faire éteindre.

Avant ou après chaque visite d'écurie, il fait des rondes autour du quartier, pour voir si tout est tranquille ; il en fait faire quelquefois par le brigadier.

Après l'appel, les brigadiers et cavaliers ne peuvent plus rentrer sans se présenter au maréchal des logis, qui retire leur permission ; les sous-officiers qui rentrent après cet appel doivent également se présenter à lui.

Secours du chirurgien-major.

265. Le maréchal des logis remet au chirurgien-major, lorsque celui-ci vient le matin faire sa visite au quartier, les billets que les maréchaux des logis chefs ont fait déposer au corps de garde. Si, pendant la nuit, il est averti que quelqu'un ait besoin de prompts

secours, il envoie aussitôt appeler le chirurgien-major ou son aide par un homme de
garde intelligent.

Inspection de la garde.

266. Avant l'appel du matin, il fait mettre
la garde en bonne tenue et en passer l'inspection.

La garde défère aux réquisitions de l'autorité.

267. Il fait marcher une partie de la garde,
sur la demande de tout militaire en grade. Il
défère aux réquisitions des officiers de police
judiciaire et civile, et même des habitants,
lorsqu'il s'agit de rétablir l'ordre et d'arrêter
ceux qui le troublent. Dans aucun cas, il ne
marche lui-même et ne dégarnit son poste de
plus de la moitié de sa force.

Registre des rapports journaliers.

268. Il y a, dans chaque corps de garde
de police, un registre destiné à l'inscription
des consignes qui doivent durer plusieurs
jours, des entrées et des sorties des salles de
discipline, des rentrées au quartier après
l'appel ou après les heures portées sur les
permissions, des rondes, des patrouilles et
des événements qui doivent être mentionnés
au rapport.

Ce registre est signé le matin par le maréchal des logis, qui le porte à l'adjudant de
semaine une demi-heure après le réveil ;

10

l'adjudant le vise ; le chef d'escadrons de semaine l'arrête le dimanche.

L'indication du logement des officiers du
régiment et des chirurgiens est inscrite en
tête de ce registre, l'adjudant de semaine y
mentionne les changements à mesure qu'ils
surviennent.

Descente de la garde.

260. La sentinelle crie : *aux armes !* dès
qu'elle aperçoit la nouvelle garde. Après que
les consignes sont rendues, le corps de garde
et les salles de discipline visités, le maréchal
des logis fait partir sa troupe par le flanc ; à
quinze pas, il fait remettre le sabre.

Garde de police commandée par un officier.

270. Lorsque la garde de police est commandée par un officier, cet officier assure,
de concert avec l'adjudant-major de semaine,
la tranquillité du quartier et l'exécution de
la présente consigne ; le maréchal des logis
continue à être chargé, sous la surveillance
de l'adjudant, des dispositions concernant les
détenus, la propreté du quartier, la surveillance de la tenue et l'exactitude des sonneries.

DEVOIRS DU BRIGADIER DE GARDE.

Vérification au corps de garde et aux salles de discipline.

271. Le brigadier reconnaît en arrivant
tous les ustensiles, registres et consignes du

corps de garde ; s'il les trouve en mauvais
état, il en fait le rapport au commandant du
poste. Il visite les salles de discipline ; il y
vérifie le nombre des détenus.

Répartition du service entre les hommes de garde.

272. Il numérote les hommes de garde pour
déterminer l'ordre des factions ; il désigne,
lorsqu'il y a lieu, les plus intelligents pour
porter les rapports verbaux et pour aller recevoir le mot d'ordre. Les corvées sont faites
à tour de rôle, en commençant par les cavaliers qui doivent aller les derniers en faction.

Manière de relever les sentinelles.

273. Pour conduire en faction, le brigadier
fait sortir en même temps tous les cavaliers
de pose, les place sur un rang, s'il y a moins
de quatre hommes, et les met en marche
l'arme sur l'épaule droite ou le sabre à la
main.

Il relève d'abord la sentinelle devant les
armes, et ensuite la plus éloignée ; toutes,
excepté la première, doivent le suivre jusqu'à
son retour au poste, et s'arrêter à six pas de
celle qu'on remplace. Les hommes sont placés en faction par ordre de numéro, en commençant par la sentinelle devant les armes.

Pour relever, il place la nouvelle sentinelle
à la gauche de l'ancienne, et commande :

1° *Portez (vos) armes,*
2° *A droite et à gauche,*
3° *Présentez (vos) armes.*

Il fait répéter la consigne, et il explique ce qu'il croit convenable pour la faire mieux comprendre.

Il reconnaît les objets que doivent contenir les guérites, tels que manteaux, consignes, etc.

Il ramène les factionnaires dans le même ordre qu'il a conduit la pose, leur fait faire demi-tour à droite, présenter les armes, faire haut les armes et rompre les rangs.

Il rend compte au maréchal des logis.

Reconnaissance des rondes ou patrouilles.

274. Lorsqu'une ronde ou patrouille est arrêtée, le brigadier se porte à quinze pas de la sentinelle, crie *qui vive*, et après qu'on lui a répondu, il dit : *avance à l'ordre*. Il reçoit le mot d'ordre et donne le mot de ralliement.

Il a désigné d'avance les hommes pour aller reconnaître avec lui.

Si c'est une ronde major, la garde prend les armes. Le chef du poste vient la reconnaître; il reçoit le mot de ralliement et donne le mot d'ordre.

Salles de discipline.

275. Le brigadier a les clefs des salles de discipline; il ne peut les confier qu'au ma-

réchal des logis de garde. Il n'y laisse entrer et n'en laisse sortir qui que ce soit, sans l'ordre du maréchal des logis.

Il fait porter la soupe à tous les détenus en même temps; il est présent pendant qu'ils la mangent. Il s'oppose à ce qu'on leur porte de la lumière, des pipes, du vin ou de l'eau-de-vie.

Il empêche les cavaliers de communiquer avec les détenus.

Il visite les salles de discipline matin et soir : il reconnaît les dégradations, voit s'il n'y a pas de malades, fait vider les baquets, balayer, et renouveler l'eau dans les cruches.

Les salles de police doivent être aérées deux fois par jour, en prenant les précautions nécessaires pour empêcher l'évasion des détenus.

DEVOIRS DE LA SENTINELLE.

Alertes et honneurs.

276. Les sentinelles de la garde de police crient : *au feu*, si elles aperçoivent un incendie, et *à la garde*, lorsqu'elles entendent du bruit par suite de querelles ou d'attroupements. La sentinelle qui est devant les armes crie : *aux armes*, lorsqu'elle aperçoit le saint-sacrement, une troupe armée, un officier général ou le commandant de la place; elle crie : *hors la garde*, lorsque le colonel, ou

10.

l'officier supérieur qui commande en son absence le régiment, vient au quartier.

Les sentinelles présentent les armes aux officiers généraux, aux officiers supérieurs de tous les corps, aux intendants et sous-intendants militaires ; elles les portent à tous les autres officiers, aux officiers de santé militaires (1), ainsi qu'à toutes les personnes décorées d'un ordre français et portant leur décoration.

Il n'est point rendu d'honneurs avant le lever ni après le coucher du soleil (2).

---

(1) *Les médecins et les pharmaciens inspecteurs reçoivent le salut des sentinelles par la présentation de l'arme.*

Les médecins et les pharmaciens principaux, les médecins et les pharmaciens-majors et aides-majors reçoivent le salut des sentinelles par le port d'armes.

Les médecins et les pharmaciens commissionnés reçoivent le même salut que les aides-majors du cadre constitutif (Décret du 23 mars 1852, Journ. milit.., p. 232).

Les sentinelles portent les armes aux vétérinaires principaux et aux vétérinaires de 1re et 2e classe (Règlem. du 12 juin 1852, Journ. milit., p. 522).

En ce qui touche les honneurs à rendre aux militaires décorés de la Médaille militaire, les sentinelles devront régulariser leur position soit l'arme au bras, soit l'arme au pied, et garder l'immobilité et la main dans le rang (Décis. impér. du 2 mars 1853, Journ. milit., p. 139).

(2) *Les sentinelles ne sont point obligés de rendre les honneurs à l'officier en tenue de matin, ni en aucune autre tenue, quand elle est couverte du caban ou du manteau ; mais elles lui doivent les marques de respect. Ces marques de respect consistent, pour la sentinelle, à régulariser sa position, soit l'arme au bras, soit l'arme au*

Paquets portés ou jetés hors du quartier.

277. La sentinelle placée à la porte du quartier s'oppose à ce qu'aucun soldat sorte avec un paquet, sans être accompagné d'un brigadier. Elle ne laisse de même sortir aucun étranger, porteur d'armes ou d'effets, sans l'autorisation du maréchal des logis.

Si on jette dehors un paquet, elle en avertit le maréchal des logis ou le brigadier de garde.

Sortie des chevaux.

278. Elle ne laisse sortir aucun cavalier avec son cheval sans l'autorisation d'un maréchal des logis ou d'un brigadier.

Propreté du quartier.

279. Elle ne permet pas de jeter ou de faire des ordures près du poste, ni dans l'intérieur du quartier.

---

pied, à garder l'immobilité et la main dans le rang quand l'officier est à portée, c'est-à-dire à six pas au moins.

Ces marques de respect sont dues par toutes les sentinelles à tous les officiers sans distinction de corps ni de grade.

De même, les marques de respect définies par le chapitre XXVI, Cavalerie, de l'ordonnance du 2 novembre 1833, sont dues par les sous-officiers, brigadiers et soldats aux officiers en uniforme, en toutes circonstances et sans aucune distinction de tenue, d'arme ou de grade (Décis. minist. du 15 janvier 1847, Journ. milit., p. 10).

Entrée d'étrangers au quartier; entrées et sorties après l'appel.

280. Elle ne laisse entrer aucun étranger, ni aucun militaire d'un autre corps, sans l'autorisation du maréchal des logis.

Après l'appel du soir, elle fait passer au corps de garde les militaires de tous grades qui rentrent au quartier; elle empêche de sortir sans le consentement du maréchal des logis.

Lumières à faire éteindre.

281. Si elle aperçoit des lumières dans les chambres après la sonnerie pour les éteindre, elle en avertit le maréchal des logis.

Rondes et patrouilles.

282. Après onze heures du soir, elle crie : *qui vive* sur tout le monde, et exige qu'on passe à quelques pas d'elle.

Si la garde est extérieure et qu'on réponde : *patrouille*, la sentinelle crie : *halte-là; brigadier, patrouille*. Si c'est une ronde d'officier, de maréchal des logis ou de sergent, elle crie : *halte-là ; brigadier, ronde d'officier de (maréchal des logis ou de sergent)*; si c'est une ronde major : *halte-là ; aux armes, ronde major*.

CHAPITRE XXX.

CONSIGNE DES GARDES D'ÉCURIE.

Rassemblement et tenue des gardes d'écurie.

283. Il est commandé tous les jours, dans

chaque escadron , et en nombre nécessaire,
des cavaliers de garde d'écurie ; ces cavaliers
sont en bonnet de police , en veste et pantalon d'écurie, en sabots ou souliers.

A l'heure de la garde montante, les gardes
d'écurie sont réunis à la gauche de la garde
de police. Lorsque celle-ci a défilé , les brigadiers de semaine relèvent les gardes d'é-
curie de leur escadron.

Consignes et ustensiles.

284. Les gardes d'écurie reçoivent et rendent, en présence du brigadier, les consignes
et ustensiles d'écurie. S'il s'en trouve d'en-
dommagés ou de perdus par leur faute , le
prix de la réparation ou du remplacement est
imputé sur leur masse individuelle.

Vigilance pour prévenir les accidents.

285. Ils doivent être vigilants jour et nuit,
accourir au moindre bruit que font les chevaux , soit qu'ils se battent , s'embarrassent
dans leurs longes ou se détachent.

Ils sont pourvus de plusieurs colliers et de
longes de rechange pour attacher les chevaux
qui cassent leur licou.

Comment les gardes peuvent s'absenter.

286. Ils ne peuvent s'absenter pour aller
manger la soupe que successivement, d'après
une autorisation qui n'est donnée que dans
le cas où les écuries sont assez près des

chambres pour qu'il n'en résulte aucun inconvénient.

287. Aux heures des repas des chevaux,
les brigadiers de chambrée envoient le nombre de cavaliers nécessaire pour aider les
gardes d'écurie à donner à manger aux chevaux, à nettoyer les écuries, à relever et faire
la litière. Les gardes d'écurie restent seuls
chargés d'entretenir la plus grande propreté,
de ne laisser séjourner sous les chevaux ni
urine ni crottin, et de relever la paille à mesure qu'elle s'étend, pour la remettre à la
litière ou la rejeter dans le râtelier (1).

288. Les écuries doivent être habituellement aérées.

Lorsque les chevaux y sont, les gardes d'é-
curie ont soin de n'y pas laisser pénétrer le
soleil, et surtout d'éviter les courants d'air.

Lorsque les chevaux sont hors des écuries,
les portes et les fenêtres en sont ouvertes.

Les gardes d'écurie empêchent qu'on entre dans les écuries avec du feu et qu'on y
fume.

Ils n'en laissent sortir aucun cheval de
troupe, sans l'autorisation d'un officier ou

---

(1) *Voir* la circulaire du 5 mars 1848 reproduite à l'art.
226.

d'un sous-officier, ou du brigadier de semaine.

Ils n'y admettent point de chevaux étrangers au régiment, sans l'ordre d'un officier
ou d'un adjudant.

Quand il est fourni des couvertures aux
gardes d'écurie, il leur est défendu de se servir de manteaux.

Accidents ; indispositions des chevaux.

289. Les gardes d'écurie rendent compte
aux officiers et sous-officiers de ronde, et, à
chaque pansage, au brigadier de semaine, du
nombre des chevaux qui se sont détachés ou
échappés, de celui des licous cassés, des accidents qui ont eu lieu dans l'intervalle des
pansages, et des indispositions des chevaux,
s'il en est survenu. Si ces accidents ou ces
maladies sont d'une nature grave, ils en informent sur-le-champ le maréchal des logis
de semaine ou celui de garde, qui en prévient
le vétérinaire ou les officiers, selon le cas.

Exécution et affiche de la consigne.

290. Les officiers et sous-officiers de semaine, ainsi que le maréchal des logis de
garde, sont chargés de l'exécution de la présente consigne, qui doit être affichée dans les
écuries et au corps de garde.

Visites des ustensiles des écuries.

291. L'adjudant-major de semaine, l'offi-

cier chargé du casernement et l'officier qui
a la surveillance spéciale des ustensiles d'é-
curie, en font de fréquentes visites, chacun
en ce qui le concerne, et font mettre au
compte des gardes d'écurie ou des escadrons,
selon le cas, les réparations ou les remplacements nécessaires.

CHAPITRE XXXI.

INSTRUCTION.

Dispositions générales.

292. Le colonel est responsable de toutes
les parties de l'instruction du régiment ; il
exige que les ordonnances et les règlements
soient ponctuellement suivis ; il ne permet,
sous aucun prétexte, qu'on s'écarte des principes qui y sont établis ; il assiste aux instructions théoriques et pratiques aussi souvent que ses autres devoirs le lui permettent.

Le lieutenant–colonel est spécialement
chargé des détails et de l'ensemble de l'instruction ; il dirige et surveille les officiers et
les sous-officiers qui y sont employés ; il propose au colonel d'exempter des gardes et du
service de semaine, en totalité ou en partie,
ceux pour qui cette exemption est nécessaire.
Les instructeurs exempts de service continuent d'exercer, à l'égard de leur troupe, les
fonctions constitutives de leur grade.

L'instruction théorique comprend :

La présente ordonnance sur le service intérieur,

L'ordonnance sur l'exercice et les évolutions,

L'ordonnance sur le service des places,

L'ordonnance sur le service en campagne,

Le cours d'équitation militaire,

Les règlements sur l'administration militaire, en ce qui concerne les officiers et la troupe,

La législation pénale militaire,

Le règlement sur l'entretien des armes.

L'instruction pratique comprend l'exécution de l'ordonnance sur l'exercice et les évolutions, le travail du manége, l'application, sur le terrain, de l'ordonnance sur le service en campagne (1).

L'instruction théorique et pratique donnée aux officiers, aux sous-officiers et brigadiers, doit mettre chacun d'eux en état de remplir au besoin les fonctions du grade immédiatement supérieur.

Théories.

293. Le lieutenant-colonel fait aux capitaines la théorie sur le service intérieur, sur l'exercice et les évolutions, sur le service des places et sur le service en campagne. Les chefs d'escadrons y assistent; l'un d'eux supplée, au besoin, le lieutenant-colonel.

---

(1) *L'instruction sur la voltige militaire du 26 juin 1842.*

11

Un chef d'escadrons fait aux lieutenants et aux sous-lieutenants la théorie sur le service intérieur, sur celui des places et sur celui de campagne.

Le capitaine instructeur fait aux lieutenants et aux sous-lieutenants la théorie sur l'exercice et les évolutions, et sur le cours d'équitation militaire.

La théorie sur le service intérieur, sur l'exercice et les évolutions, sur le service des places et sur le service en campagne, peut être faite à tous les officiers réunis, particulièrement à l'époque des évolutions.

Le major fait aux capitaines, aux lieutenants et aux sous-lieutenants, une théorie sur l'administration et sur la législation pénale militaire. Cette théorie a lieu plus particulièrement pendant l'hiver.

Un adjudant-major fait aux sous-officiers la théorie sur le service intérieur, sur le service des places et sur le service en campagne. Il la leur fait en outre sur leurs fonctions comme guides généraux et comme guides principaux dans les évolutions.

L'autre adjudant-major est chargé de la théorie des brigadiers sur le service intérieur, sur le service des places et sur le service en campagne.

Le capitaine adjoint au capitaine instructeur fait aux sous-officiers la théorie sur l'exercice et les évolutions et sur le cours d'équitation militaire.

Des officiers instructeurs sont chargés de la même théorie pour les brigadiers.

Les cavaliers qui ont de l'aptitude pour l'instruction sont admis aux théories des brigadiers.

Le trésorier ou l'adjoint au trésorier fait une théorie sur l'administration aux maréchaux des logis chefs, aux maréchaux des logis fourriers et aux brigadiers fourriers.

La théorie d'armement est dirigée par des officiers désignés par le colonel. Le lieutenant-colonel prend les mesures nécessaires pour que les officiers, les sous-officiers et les brigadiers y passent successivement, et pour qu'ils communiquent cette instruction aux cavaliers; il y appelle le maître armurier, lorsqu'il le juge nécessaire.

Il est fait aux officiers, et de préférence en hiver, un cours élémentaire de fortification, ayant principalement pour but de leur faire connaître le tracé, la construction et les propriétés des ouvrages de campagne, la manière de les défendre et celle de les attaquer. Ce cours, dont la rédaction doit être simple et précise, est fait en présence du lieutenant-colonel par un officier ayant suivi les cours des écoles militaires.

Il est fait aux sous-officiers un abrégé de ce cours (1).

_____

(1) Dans chaque corps, il sera tenu, soit pour les conférences militaires, soit pour les cours d'administration,

Rapports sur l'instruction.

294. Le lieutenant-colonel reçoit, le premier de chaque mois, des chefs d'escadrons chargés de la surveillance de l'instruction à pied et à cheval :

1° Le rapport qui leur a été remis par le capitaine instructeur ;

2° Un rapport détaillé sur l'instruction des deux premières classes.

Il remet ces rapports au colonel, après y avoir ajouté ses observations.

Le major remet au colonel, également le premier de chaque mois, le rapport qu'il a reçu du capitaine instructeur.

Marches militaires.

295. Il est fait tous les ans, et de préférence avant l'époque des semestres, des marches militaires avec armes et bagages. Les premières marches militaires sont de quatre heures ; leur durée est augmentée successivement, et peut être portée jusqu'à six heures.

Elles s'effectuent au pas et au trot.

Pendant la première quinzaine, les six escadrons participent aux marches militaires

des registres sur lesquels seront consignées les matières traitées dans chaque séance, et ces registres seront soumis annuellement au visa de l'inspecteur général (*Décis. minist. du 29 décembre 1844, Journ. milit.*, p. 575).

alternativement par deux escadrons, sous le commandement d'un chef d'escadrons.

Dans la seconde quinzaine, elles s'exécutent par trois escadrons, et à un jour d'intervalle, sous la direction supérieure du colonel ou du lieutenant-colonel.

Les marches militaires du second mois ont lieu trois fois par semaine. Les six escadrons sont réunis et tiennent alternativement la tête de la colonne.

Les marches de la première quinzaine ont surtout pour but de placer les hommes à cheval, et de régler l'allure du pas et celle du trot.

Dans la seconde quinzaine, on fait exécuter les doublements et dédoublements, former les pelotons, les divisions et les escadrons.

Pendant la première quinzaine du second mois, les escadrons exécutent quelques parties de l'école d'escadron.

Dans la dernière quinzaine, ils sont exercés non-seulement aux évolutions, mais aussi au service de campagne.

Le colonel simule souvent dans la marche l'emploi des flanqueurs et des tirailleurs; il établit quelquefois, dans des terrains secs, abrités, et qui offrent le moyen d'abreuver les chevaux, une sorte de bivouac; il fait placer des grand'gardes, des petits postes et des vedettes, et fait faire des reconnaissances et des patrouilles.

Pendant les marches militaires de la dernière quinzaine, chaque cavalier est pourvu d'une ration d'avoine, qu'il fait manger à la halte principale.

Une fois par semaine, les chevaux sont chargés d'une trousse de foin ficelée, qui est assujettie sur la partie supérieure du portemanteau, et dont le colonel détermine le poids; il est habituellement de deux kilogrammes (quatre livres).

Après le second mois, les marches militaires sont réduites à une par semaine, à moins de prévision de route. Toutefois, si le mauvais temps ou d'autres motifs ont empêché de faire dans les deux premiers mois les marches militaires prescrites, elles ont lieu dans le troisième mois. Le maréchal de camp est prévenu à l'avance de cette disposition.

Le colonel prend les plus grandes précautions pour que ces exercices ne donnent lieu à aucun dégât dans les campagnes et à aucune fausse interprétation de la part des habitants.

Au moment des haltes, les officiers passent l'inspection du paquetage et du harnachement; ils font ressangler les chevaux, replacer les couvertes, etc., etc.

Au retour des marches, les capitaines commandants, assistés des vétérinaires et des ouvriers selliers, visitent attentivement tous les chevaux; ils s'assurent de leur état et de celui du harnachement.

Les chefs d'escadrons et le lieutenant-colonel veillent à la stricte exécution de ces examens.

Les marches militaires doivent avoir pour résultat de fortifier les chevaux, de prévenir les blessures de la selle, de faire acquérir de l'assiette aux cavaliers, de régler les allures, de donner de l'ensemble aux mouvements et de l'énergie à l'action, enfin d'entretenir le régiment dans le meilleur état pour marcher, manœuvrer et combattre.

Le régiment reçoit, pour tous les chevaux qui prennent part aux marches militaires du second mois, un supplément d'avoine égal à la différence de la ration de station à celle de route. Le nombre de ces marches est fixé à douze ; et le supplément d'avoine est alloué dans le troisième mois lorsqu'elles n'ont pu avoir toutes lieu dans le second mois.

Afin d'accoutumer les cavaliers à monter à cheval avec célérité, le colonel fait de temps en temps sonner à cheval à l'improviste ; il indique à l'avance le lieu du rassemblement et l'ordre dans lequel doit s'effectuer la réunion des escadrons.

Les marches militaires doivent apporter le moins d'interruption possible à l'instruction de détail ; cependant lorsqu'elles ont pour objet de préparer à faire route, le travail journalier est suspendu assez à temps pour que tous les cavaliers montés acquièrent l'habitude de marcher dans les rangs.

Attention relativement aux allures.

296. Les marches militaires se commencent toujours au pas, soit à la sortie de la garnison, soit après une halte; elles finissent à la même allure, de manière à ce que les chevaux rentrent au quartier entièrement calmes et rafraîchis.

Il en est encore ainsi dans les évolutions et dans l'instruction de détail. On passe au repos et du repos au mouvement toujours au pas, et la dernière reprise est faite à cette allure, à moins que le trajet du champ de manœuvres au quartier ne soit assez long pour dispenser de cette précaution (1).

CHAPITRE XXXII

ÉCOLES.

Dispositions générales.

297. Le colonel use de toute son influence pour propager l'instruction dans le régiment; il ne néglige aucun moyen pour accroître le goût de l'étude et du travail, et pour déve-

___

(1) *Les marches militaires exécutées en conformité des art. 295 et 296 seront toujours l'objet d'un rapport écrit et détaillé. Ce rapport, qui devra être rédigé par l'officier supérieur ou autre, chargé de la direction de chacune de ces marches, sera soumis par le chef du corps à l'examen de l'inspecteur général* (Décis. minist. du 9 avril 1844, *Journ. milit.*, p. 229).

lopper les facultés intellectuelles et physiques des militaires sous ses ordres.

Le major surveille les écoles.

298. Les écoles sont sous la surveillance du major ; il propose au colonel les officiers et les sous-officiers capables de les diriger. Ces officiers, ainsi que les sous-officiers qui ne font pas partie du peloton hors rang, ne sont habituellement exemptés d'aucun service.

Écoles de lecture, d'écriture, etc.

299. L'organisation et le mode d'enseignement des écoles de lecture, d'écriture, d'arithmétique, etc., destinées aux sous-officiers, aux cavaliers et aux enfants de troupe, sont déterminés par des règlements spéciaux. Le colonel veille à ce qu'on s'y conforme exactement, et s'assure fréquemment par lui-même des progrès des élèves.

École d'escrime.

300. Un officier est chargé de la direction de l'école d'escrime.

Le maître d'escrime est choisi parmi les sous-officiers ; il est secondé par des prévôts. Les recrues sont admis à l'école d'escrime dès qu'ils passent à l'école d'escadron. La durée des leçons et les époques auxquelles elles ont lieu sont déterminées par le colonel. Les militaires les paient au prix fixé par le colonel sur la proposition du major.

11.

Le colonel veille à ce que les maîtres et les prévôts mettent les armes en honneur dans le régiment. Il encourage les assauts publics, et engage les officiers à y assister, à y participer même, pour leur donner plus de solennité.

L'officier chargé de la direction de la salle surveille la conduite des maîtres et des prévôts; il les rend attentifs à prévenir les querelles et responsables des duels qu'ils auraient pu empêcher.

Course; danse; exercices gymnastiques.

301. La course, la danse, la voltige et tous les exercices qui peuvent fortifier la constitution, développer l'adresse, l'agilité, et propager la hardiesse à cheval, sont encouragés.

Il est établi à cet effet, dans les villes de garnison, un gymnase à l'usage des troupes.

École de natation.

302. Les colonels profitent de toutes les occasions pour faire apprendre à nager aux sous-officiers et cavaliers. L'école de natation est dirigée par un officier, qui prend les précautions convenables pour éviter les accidents; les sous-officiers et les cavaliers y passent tous à leur tour.

Quand les localités le permettent, les chevaux sont également exercés à nager.

CHAPITRE XXXIII.

TRAVAILLEURS.

Tout cavalier peut être requis de travailler pour le régiment.

303. Les cavaliers qui peuvent être utilisés dans les ateliers du régiment sont obligés d'y travailler momentanément, lorsque cela est jugé nécessaire.

Toutes les fois qu'un cavalier en reçoit l'ordre, il est tenu d'exercer temporairement, dans l'intérêt du régiment, la profession qu'il avait avant son entrée au service.

Travailleurs hors des ateliers du régiment.

304. L'instruction des cavaliers et le pansage des chevaux ne permettant que très-difficilement de tolérer des travailleurs hors des ateliers du régiment, l'autorisation de travailler en ville n'est accordée qu'exceptionnellement, et lorsque le nombre des cavaliers est proportionnellement trop considérable pour celui des chevaux ; ces permissions ne sont données que pour les travaux qui développent les forces, l'agilité, et rendent les soldats plus propres aux travaux militaires et aux fatigues de la guerre. Dans aucun cas, les cavaliers ne peuvent être employés à des travaux qui dégradent la profession des armes.

Les travailleurs hors des ateliers sont tenus de payer pour leur service cinq francs par mois, qui sont partagés entre les ordinaires de l'escadron; ils versent en outre cinq centimes par jour à leur ordinaire.

Cavaliers employés près des officiers.

305. Les officiers ne peuvent employer habituellement aucun cavalier à leur service personnel ; il leur est seulement permis d'en prendre un de leur escadron pour l'entretien de leurs armes et de leurs effets d'équipement et de harnachement et pour le pansage de leurs chevaux. Ces cavaliers ne peuvent être pris que parmi ceux qui sont admis à l'école d'escadron ; ils ne sont dispensés d'aucune partie du service et de l'instruction : toute autre tenue que celle d'uniforme leur est interdite ; ils sont constamment dans la tenue prescrite pour les autres cavaliers. Il leur est payé quatre francs par mois pour chaque cheval, et trois francs pour l'entretien des armes et du harnachement.

Quand les officiers veulent obtenir l'autorisation de payer le service de cavaliers qui pansent leurs chevaux, le capitaine commandant en fait la demande au rapport, s'il juge qu'elle puisse être accordée sans inconvénient. Dans ce cas, le service de ces cavaliers est payé trois francs par mois (1).

_____

(1) Les officiers supérieurs et les officiers faisant partie de l'état-major du régiment ne pourront prendre ni faire compter dans le peloton hors rang les soldats qui leur sont nécessaires pour l'entretien de leurs armes et de leurs effets

CHAPITRE XXXIV (1).

TENUE.

Responsabilité du colonel.

306. Le colonel, responsable de la tenue du régiment, veille à ce que l'uniformité soit rigoureusement observée. Il ne lui est, sous aucun prétexte, permis d'y rien changer, ajouter, prescrire ou tolérer, qui soit contraire aux règlements. Il répond personnellement envers l'Etat des dépenses que l'infraction à cet égard aurait occasionnées, et il est tenu d'indemniser ses subordonnés des frais qui en seraient résultés pour eux.

Des différentes tenues.

307. Il y a trois tenues dans les régiments :

1° La tenue du matin pour les officiers et celle d'écurie pour la troupe ;

2° La petite tenue } pour les officiers et
3° La grande tenue } la troupe.

---

d'équipement, et pour le pansage de leurs chevaux (*Décis. minist. du 17 avril 1844, Journ. milit.*, p. 249).

Les officiers qui passent de la portion active d'un corps au dépôt, et réciproquement, ou d'une portion active d'un corps à une autre, ont la faculté, avec le consentement du chef de corps, d'emmener avec eux leurs hommes de confiance (*Décis. minist. des 17 juin et 6 septembre 1852, Journ. milit.*, p. 534, 1er semestre, et 164, 2e semestre).

(1) Ce chapitre est applicable aux officiers de santé des corps (*Solution ministérielle du 20 février 1835, Journ. milit.*, p. 44).

La tenue du matin est permise aux officiers jusqu'à midi.

La petite tenue est la tenue habituelle; la grande tenue se prend quand elle est indiquée par l'ordre du régiment ou de la place.

Lorsque le régiment ou une portion du régiment se réunit en armes, les officiers sont dans la même tenue que la troupe.

Les officiers de semaine sont en tenue du matin, mais avec le sabre, jusqu'à midi; après midi, ils sont dans la même tenue que les autres officiers.

Lorsque le service de semaine acquiert une importance particulière, soit par suite de la réunion de plusieurs régiments dans la même garnison, soit par tout autre motif, le colonel peut ordonner pour les officiers de semaine une tenue distincte de celle des autres officiers.

Dans ce cas, les officiers de semaine des régiments de carabiniers, de cuirassiers et de dragons, sont en casque et habit-veste; ceux des régiments de lanciers, chasseurs et hussards, ont la giberne pour signe distinctif.

Les sous-officiers et les cavaliers sortent en tenue d'écurie jusqu'à midi; ils ne peuvent pas sortir après midi sans être en habit, en casque ou shako et en sabre.

Les maîtres ouvriers sont habituellement dispensés d'être en tenue.

Cheveux et moustaches.

308. Les cheveux des officiers, sous-officiers et cavaliers sont coupés courts, surtout par derrière ; ils ne forment jamais de touffes ni de boucles.

Les favoris ne dépassent pas la hauteur de la bouche, et ne doivent pas se joindre aux moustaches.

Il est défendu de laisser pousser de la barbe sous la lèvre inférieure (1).

Les moustaches ne doivent être ni cirées, ni graissées (2).

Manière de porter et d'ajuster les effets.

309. Le casque et le shako se placent droit, de manière à ce que le milieu de la visière corresponde à la ligne du nez.

Le bonnet de police penche légèrement à droite, le bord touchant presque au sourcil droit et éloigné d'environ un pouce du sourcil gauche.

Lorsqu'on met les chaînettes ou jugulaires,

---

(1) Les officiers supérieurs et adjudants-majors de toutes les armes portent, avec la moustache, cette partie de la barbe qui croît sous la lèvre inférieure seulement, et qui est appelée *mouche* ou *royale* (*Décis. minist. du 22 août 1836, Journ. milit.*, p. 112).

(2) Les moustaches doivent être coupées uniformément au niveau de la lèvre supérieure, s'étendre sans discontinuité sur toute la longueur de la lèvre, et s'arrêter toutefois au coin de la bouche (*Décis. minist. du 3 juin 1836, Journ. milit.*, p. 116).

elles sont attachées court sous le menton et en arrière des joues.

Le col est suffisamment serré pour ne pas bâiller sous le menton ; il doit dépasser le collet de l'habit d'environ deux lignes, et ne jamais laisser apercevoir la chemise.

L'habit et la veste d'écurie sont toujours boutonnés dans toute la longueur, et tirés en bas pour emboîter les hanches.

Le pantalon est soutenu par des bretelles.

La basane du pantalon de cheval est cirée.

La chaussure est toujours propre et cirée; l'éperon nettoyé et noirci (1).

Le sabre est soutenu par la bretelle ; à pied, il est relevé et mis au crochet, la monture en arrière, le ceinturon caché par l'habit.

Dans les régiments où le ceinturon se place pardessus l'habit, il est ajusté de manière que la boucle s'agrafe sur les derniers boutons, et que le devant de l'habit sorte sous le ceinturon d'environ six lignes.

La grande bélière est d'une longueur de 810 millimètres. La petite est ajustée de manière que le cavalier puisse atteindre aisément la poignée du sabre, en inclinant légèrement le corps, lorsqu'il met le sabre à la main étant à cheval.

Dans les régiments de hussards, la sabretache est ajustée de manière que la pointe du

_____

(1) Les éperons devront être entretenus désormais en fer poli. (*Décis. minist. du* 12 *déc.* 1851, *Journ. milit.*. p. 368).

milieu soit à 330 millimètres de terre (1 pied),
l'homme étant debout.

La dragonne se passe dans le haut de la
branche principale du sabre, où elle est main-
tenue par un des passants-coulants.

L'autre passant-coulant est assez éloigné
du gland pour que le cavalier puisse engager
le poignet dans la dragonne; à pied, la dragonne est passée une fois autour de la poignée du sabre.

Le porte-giberne est ajusté de manière que
le dessus du coffre de giberne se trouve à
hauteur du coude droit du cavalier. Il doit
toujours y avoir dans la giberne deux pierres
à feu garnies en plomb (1).

Le porte-mousqueton est tenu assez long
pour que le cavalier puisse aisément mettre
en joue. Les boucles et passants en cuivre
sont à hauteur de ceux du porte-giberne.
Lorsque le cavalier n'a pas le mousqueton au
crochet, il passe le crochet dans l'anneau
gauche de support de la giberne. Quand le
mousqueton est au crochet, il est arrêté par
la courroie de retrait jusqu'au moment où il
doit en être fait usage.

La lanière de baguette du mousqueton est
fixée au bouton d'assemblage, entre le porte-
giberne et le porte mousqueton.

L'épinglette, soutenue à sa partie supérieure par l'anneau de chaînette engagé dans

---

(1) Remplacées aujourd'hui par des capsules.

le bouton d'assemblage, est fixée au-dessous
de la banderole, dans une petite coulisse en
peau.

Les cuirasses sont ajustées de manière à
ne pas comprimer la poitrine et les hanches
des cavaliers. Elles joignent sur les côtes et
sur les épaules, sans se croiser. Le bourrelet
ressort sur les bords de la cuirasse de manière
à garantir les vêtements ; l'extrémité de la
courroie de ceinture est arrêtée dans le passant-coulant.

Les cavaliers sont munis de leur manteau
quand ils sont de service à un autre poste
que celui de la garde de police et que ce service doit durer la nuit. Le manteau est
alors roulé et porté en sautoir, de droite à
gauche.

Les officiers, les sous-officiers et les cavaliers qui sont en deuil de famille peuvent porter un crêpe noir au bras gauche.

CHAPITRE XXXV.
REVUES.

—

REVUES DES INSPECTEURS GÉNÉRAUX.

Honneurs à rendre aux officiers généraux inspecteurs.

310. Lorsque le lieutenant général inspecteur a fait connaître l'heure de son arrivée, un détachement de vingt-cinq hommes,
commandé par un officier, est envoyé à un
quart de lieue au devant de lui.

Après son arrivée, il est envoyé à son logement une garde de cinquante hommes, commandée par un capitaine, un lieutenant et un sous-lieutenant. Le trompette sonne des appels. Il est placé deux sentinelles à la porte du lieutenant général inspecteur.

Si l'inspecteur général ne juge pas à propos de conserver sa garde, le poste le plus voisin est augmenté du nombre d'hommes nécessaire pour fournir les deux sentinelles.

Les gardes et postes de la place et du quartier prennent les armes et montent à cheval quand l'inspecteur général passe devant eux; les trompettes sonnent des appels.

Il lui est fait une visite de corps en grande tenue de service.

A défaut d'état-major de place, le mot d'ordre lui est porté par un adjudant-major.

Quand il passe devant le front du régiment, ou lorsque le régiment défile devant lui pour la première ou la dernière fois, les officiers supérieurs et l'étendard saluent.

Il est reconduit, à son départ, par un détachement semblable à celui qui a été à sa rencontre.

Lorsque l'inspecteur général est un maréchal de camp, il est envoyé au devant de lui un détachement de douze hommes, commandé par un maréchal de logis. La garde envoyée à son logement est de vingt-cinq hommes : elle est commandée par un officier;

le trompette est prêt à sonner. Il est placé deux sentinelles à sa porte. Les gardes et postes de la place et du quartier prennent les armes et montent à cheval quand il passe devant eux ; les trompettes sont prêts à sonner. Il lui est fait une visite de corps en grande tenue de service. Le mot d'ordre lui est porté par un sous-officier. Quand il passe devant le front du régiment, ou lorsque le régiment défile devant lui pour la première ou la dernière fois, les officiers supérieurs saluent. A son départ, un détachement de douze hommes le reconduit.

Du reste, le maréchal de camp inspecteur général exerce sur les troupes de son inspection la même autorité et a sur elles les mêmes droits que s'il était lieutenant général.

Pendant toute la durée de l'inspection, le régiment, à moins d'ordres contraires de l'inspecteur général, est en grande tenue (1).

Revue d'ensemble.

311. Lorsque l'inspecteur général se rend sur le terrain pour la revue d'ensemble, le régiment est en bataille pour le recevoir. Après avoir passé devant le front, il ordonne au colonel de faire rompre par escadron.

---

(1) Toutes les fois qu'un corps de troupes de toutes armes recevra l'ordre de se rassembler en grande tenue de service pour être passé en revue par un officier général, il devra paraître à la revue avec son étendard (*Décis. minist. du 28 juillet 1835, Journ. milit.*, p. 56).

Les hommes se placent par rang de contrôle, les officiers, les sous-officiers et les brigadiers à la droite de leur escadron; le grand et le petit état-major, ainsi que le peloton hors rang, se réunissent à la droite du régiment.

L'officier d'habillement pour l'état-major et le peloton hors rang, les capitaines commandants pour leur escadron, remettent successivement à l'inspecteur général une feuille d'appel des hommes et un contrôle des chevaux.

L'inspecteur général fait lui-même l'appel des officiers; il fait faire celui du petit état-major et du peloton hors rang par l'adjudant vaguemestre, et celui des escadrons par les maréchaux des logis chefs, qui se tiennent en arrière du rang formé par l'escadron et à hauteur de l'inspecteur général.

Pendant le temps que dure la revue d'un escadron, cet escadron a le sabre à la main; les autres sont au repos et gardent le silence.

Le colonel, le lieutenant-colonel, le major, les chefs d'escadrons et les capitaines commandants pour leurs escadrons respectifs, le trésorier, l'officier d'habillement et le chirurgien - major accompagnent l'inspecteur général.

Quand la revue est terminée, l'inspecteur général fait défiler le régiment devant lui.

Revue de détail.

312. L'inspecteur général détermine si la revue de détail des hommes et des chevaux sera passée en même temps, ou si elle aura lieu séparément.

Les escadrons sont à l'avance formés sur un rang et pied à terre; les officiers, les sous-officiers et les brigadiers sont à la droite de leur escadron, peloton, section ou escouade, afin de répondre aux questions que l'inspecteur peut leur adresser concernant les hommes et les chevaux sous leurs ordres.

Les lieutenants, les sous-lieutenants et les maréchaux des logis sont porteurs du livret de leur peloton ou section; les maréchaux des logis chefs et les fourriers, des registres de l'escadron.

A moins d'un ordre contraire, les portemanteaux sont mis à terre et ouverts, de manière que l'inspecteur puisse aisément vérifier tout ce qu'ils contiennent; le livret de chaque homme est placé sur son porte-manteau.

Les officiers comptables portent sur le terrain tous les modèles des effets et tous les registres et comptes ouverts avec les escadrons.

Ordres de l'inspecteur général.

313. Pendant le temps que dure l'inspection, le colonel reçoit directement les ordres de l'inspecteur général pour tout ce qui con-

cerne la tenue, l'instruction, l'administration et le service en général.

Le régiment se conforme exactement aux instructions écrites que l'inspecteur général donne avant son départ.

Les généraux, sous les ordres desquels le régiment est placé, sont chargés d'en assurer l'exécution, dont les maréchaux de camp se font rendre fréquemment compte.

REVUES DES GÉNÉRAUX.

Revues mensuelles et trimestrielles.

314. Les maréchaux de camp commandant les brigades actives passent tous les mois la revue d'ensemble, et tous les trimestres la revue de détail des régiments sous leurs ordres. Les régiments sont formés alors de la manière prescrite pour les revues d'inspecteurs généraux, et se conforment à toutes les dispositions indiquées aux articles 311 et 312.

Les lieutenants généraux commandant les divisions actives passent eux-mêmes ces revues, lorsqu'ils le jugent convenable.

Les lieutenants généraux et les maréchaux de camp commandant les divisions et les subdivisions territoriales passent, autant que possible, tous les mois et tous les trimestres, des revues semblables des régiments sous leurs ordres, qui ne sont pas réunis en divisions ou en brigades.

Les maréchaux de camp rendent compte du résultat de leurs revues au lieutenant général ; le lieutenant général en fait l'objet d'un rapport d'ensemble qu'il adresse chaque trimestre au ministre de la guerre.

Indépendamment de ces revues périodiques, les généraux en passent d'extraordinaires toutes les fois qu'ils le croient utile.

REVUES DES INTENDANTS ET SOUS-INTENDANTS MILITAIRES.

Revues sur le terrain.

315. Les revues d'effectif ont lieu aux époques fixées par les règlements sur l'administration.

Outre les revues périodiques et réglementaires, les intendants et sous-intendants militaires en passent sur le terrain toutes les fois qu'ils en reçoivent l'ordre du ministre de la guerre ou des lieutenants généraux, ou lorsqu'ils le jugent utile au bien du service.

Quand il s'agit d'une revue prescrite par les règlements, ou d'une revue ordonnée, soit par le ministre, soit par un lieutenant général, les intendants et sous-intendants en préviennent l'officier général sous les ordres duquel le corps se trouve.

S'ils reconnaissent la nécessité de passer une revue extraordinaire, ils doivent au préalable en demander l'agrément à l'officier général commandant, et lui en déduire les motifs. Si l'officier général croit devoir s'opposer à la revue, il en rend immédiatement compte au ministre de la guerre.

Les intendants et sous-intendants militaires, avant de passer une revue, se concertent avec le commandant de la place, à l'effet de fixer le jour, l'heure et le lieu de la réunion des troupes.

Le colonel en est informé, la veille, par le commandant de la place.

Tous les officiers, les sous-officiers et les cavaliers, tous les chevaux d'officiers et de troupe, doivent être présents aux revues des intendants et sous-intendants militaires; à cet effet, les postes et les plantons sont relevés par d'autres troupes de la garnison; lorsque le régiment est seul dans la place, le premier escadron fournit, immédiatement après avoir été passé en revue, les hommes nécessaires pour relever les postes.

Avant l'arrivée de l'intendant ou du sous-intendant, les escadrons sont formés sur un rang, les officiers, les sous-officiers et les brigadiers à la droite, les trompettes, les enfants de troupe et les cavaliers à leur numéro de contrôle annuel; le grand et le petit état-major, ainsi que le peloton hors rang, à la droite du régiment.

L'intendant, le sous-intendant et le régiment sont en grande tenue de service.

Le major remet à l'intendant ou au sous-intendant l'état nominatif des hommes ma-

lades à la chambre ou à l'infirmerie ; cet état
est certifié par le chirurgien-major et visé par
le major. Les hommes composant la garde
de police, les gardes d'écurie et les hommes
en prison que des motifs particuliers empêchent de faire paraître à la revue, sont portés
sur un état nominatif que signe l'adjudant-
major de semaine, et que le lieutenant-colonel, après l'avoir visé, remet à l'intendant
ou au sous-intendant. Dans un détachement,
ces deux états sont certifiés par l'officier
commandant.

Lorsque l'intendant ou le sous-intendant
se présente à la tête d'un escadron, le capitaine commandant, après avoir fait mettre le
sabre à la main, lui remet la feuille d'appel
de son escadron. L'intendant ou le sous-intendant fait lui-même l'appel des officiers ;
le maréchal des logis chef, fait en arrière du
rang l'appel des sous-officiers, des brigadiers
et cavaliers.

Les maréchaux des logis chefs sont porteurs du livre d'escadron ; les sous-officiers
et les cavaliers ont leur livret dans le porte-
manteau, afin que l'intendant ou le sous-intendant puisse vérifier pendant sa revue,
quand il le croit utile, l'existence des effets
d'habillement, de grand équipement, d'armement et de harnachement.

Le sous-intendant s'assure que tous les
chevaux de troupe sont marqués ; il fait mar-

quer immédiatement ceux qui ne l'ont pas
été ou dont la marque est effacée.

Après la revue d'un intendant, le régiment
défile (1).

Visite au quartier après la revue.

316. Lorsque la revue sur le terrain est
terminée, l'intendant ou le sous-intendant
accompagné du major, du chirurgien-major
et du vétérinaire en premier, se rend au quartier et aux infirmeries, pour y vérifier l'existence des hommes de garde, malades ou en
prison, et des chevaux restés à l'infirmerie.

---

(1) *Après la revue administrative, les escadrons conduits par les capitaines et sous la direction des chefs
d'escadrons défilent en marchant par deux devant l'intendant militaire ou le sous-intendant ou l'adjoint, placé
entre le colonel et le lieutenant-colonel; le major se
tient à la droite du colonel; les trompettes défilent en
tête de leur escadron; le peloton hors-rang défile en tête
des escadrons, les officiers et cavaliers portant leurs armes ou ayant le sabre à la main.* (Nouvelle rédaction conforme à la décision royale du 25 avril 1839, *Journ. milit.*,
p. 170).

*L'étendard ne doit pas paraître aux revues passées
par les fonctionnaires de l'intendance militaire.* (Décision du 15 juin 1840, *Journ. milit.*, p. 249).

CHAPITRE XXXVI.

PERMISSIONS.

PERMISSIONS POUR LES OFFICIERS.

Permissions pour la journée.

317. Les permissions pour la journée, sauf les exceptions spécifiées pour l'instruction et le service de semaine, sont accordées :

Aux lieutenants et sous-lieutenants, par les capitaines commandants, qui en rendent compte à leur chef d'escadrons ;

Aux capitaines, par leur chef d'escadrons;

Aux officiers comptables, par le major ;

Au capitaine instructeur, aux adjudants-majors, au porte-étendard et aux chirurgiens, par le lieutenant-colonel ;

Aux officiers supérieurs, par le colonel.

Les chefs d'escadrons et le major rendent compte au lieutenant-colonel des permissions qu'ils accordent et de celles qu'ils obtiennent pour eux-mêmes.

La dispense des devoirs du service de semaine est accordée aux lieutenants et sous-lieutenants par l'adjudant-major, qui en rend compte au chef d'escadrons de semaine ; elle est accordée à l'adjudant-major et au capitaine par le chef d'escadrons de semaine, qui en rend compte au lieutenant-colonel.

Lorsque cette dispense est accordée pour

toute la journée, elle oblige les officiers à se faire remplacer : ceux des escadrons en préviennent leur capitaine commandant.

Les exemptions d'exercice ou d'évolutions, sont accordées aux officiers par le lieutenant-colonel.

Permissions pour quitter la garnison.

318. Les permissions de s'absenter de la garnison qui ne doivent pas excéder huit jours sont accordées par le commandant du régiment, qui en rend compte au maréchal de camp dans son plus prochain rapport (modèle N). Toute permission pour découcher d'une garnison où il y a un état-major de place, est soumise à l'approbation du commandant de la place.

Lorsqu'un officier qui a obtenu une permission est de retour, le colonel en informe le commandant de la place par le rapport du lendemain.

Les permissions qui excèdent huit jours sont accordées par le maréchal de camp ; celles qui excèdent quinze jours le sont par le lieutenant général jusqu'à concurrence de trente jours.

Ces permissions sont conformes au modèle O et visées par le sous-intendant militaire.

La faculté donnée aux officiers généraux et aux colonels d'accorder des permissions s'exerce de manière que tout le monde soit présent aux inspections générales.

12.

Officiers rentrant de permission.

319. Les officiers rentrant de permission se présentent au commandant de leur escadron et au colonel.

Lorsque leur absence a duré huit jours ou plus, ils se présentent, en outre, à leur chef d'escadrons, au lieutenant-colonel, et, dans les villes de guerre, au commandant de la place.

Officiers qui s'absentent sans une permission, ou qui la dépassent.

320. Les officiers qui n'ont pas rejoint à l'expiration de leur congé ou permission, et qui ne justifient pas de leur retard, sont mis aux arrêts de rigueur. Si la permission a été dépassée de huit jours, ils sont mis en prison et privés de congé pendant un an ; *si elle a été dépassée de quinze jours, le lieutenant général convoque un conseil d'enquête* (1).

Les officiers qui s'absentent sans permission sont punis des arrêts de rigueur, si cette absence a duré quarante-huit heures ; si elle a duré huit jours, ils sont mis en prison et privés de congé pendant un an ; *si elle a duré quinze jours, un conseil d'enquête est convoqué* (1).

(1) Les dispositions de cet article relatives à la convocation d'un conseil d'enquête dans le cas où la permission a été dépassée de 15 jours, et dans celui où l'absence a duré 15 jours ont été abrogées par la décision royale du 18 septembre 1834 (*Journ. milit.*, p. 146).

PERMISSIONS POUR LES SOUS-OFFICIERS, BRIGADIERS ET CAVALIERS.

Exemptions d'appel du matin et de deux heures.

321. Les exemptions d'un appel du matin ou d'un appel de deux heures sont accordées, soit par l'officier de semaine, soit par le maréchal des logis chef. En leur absence, elles peuvent être accordées aux brigadiers et cavaliers par le maréchal des logis de semaine. Ces deux sous-officiers en rendent compte à l'officier de semaine, qui en informe l'adjudant-major de semaine et le capitaine commandant.

Les exemptions pour les deux appels ne sont accordées que par l'officier de semaine.

Les permissions pour manquer à la soupe sont accordées par le brigadier de chambrée, qui en rend compte au maréchal des logis de semaine.

Exemptions d'appel du soir.

322. Les exemptions d'appel du soir sont accordées par le capitaine commandant; elles sont demandées au maréchal des logis chef, qui les lui soumet lorsqu'il lui porte le rapport. Elles sont signées par le capitaine commandant et contre-signées par l'adjudant de semaine. Ceux qui les obtiennent, les remettent au maréchal des logis de la garde de police en rentrant au quartier.

Si, dans le courant de la journée, un brigadier ou un cavalier a besoin d'une exemption de l'appel du soir, il s'adresse au maréchal des logis chef qui la demande à l'officier de semaine; celui-ci est autorisé à l'accorder, lorsqu'il en reconnait l'urgence; dans ce cas, elle est signée par lui; il en rend compte à l'adjudant-major de semaine. Le maréchal des logis chef en rend compte au capitaine commandant le lendemain matin.

Exemptions d'exercice et d'évolutions.

323. Les exemptions d'exercice ou d'évolutions sont accordées aux sous-officiers, brigadiers et cavaliers par le capitaine commandant, sur la demande de l'officier de semaine ou du maréchal des logis chef.

Elles sont accordées par le capitaine instructeur aux sous-officiers, brigadiers et cavaliers attachés aux classes d'instruction sous sa direction, ainsi qu'aux recrues qui en font partie.

Les unes et les autres, quand elles doivent durer plus d'un jour, sont demandées au rapport.

Permissions pour découcher ou pour quitter la garnison.

324. Les permissions pour découcher, sans quitter la garnison, sont demandées au rapport.

Les permissions de s'absenter de la garnison sont demandées par les capitaines commandants et accordées comme celles des officiers (modèles P et Q).

Permissions permanentes pour les sous-officiers.

325. Les maréchaux des logis, lorsqu'ils ne sont pas de semaine, et les fourriers sont dispensés de se trouver le soir à l'appel ; les sous-officiers qui ne sont pas de semaine sont autorisés à ne rentrer au quartier qu'une heure après cet appel. Le colonel retire cette permission lorsqu'il en est fait abus ou que le service l'exige.

Lorsqu'après l'appel du soir, les sous-officiers sortent du quartier ou y rentrent, ils sont tenus de se présenter au maréchal des logis de la garde de police.

Les punitions privent d'exemptions et de permissions.

326. Hors le cas de nécessité reconnue, les exemptions et les permissions ne sont accordées qu'à des hommes dont la conduite est habituellement régulière.

Tout sous-officier, brigadier ou cavalier qui a été puni du cachot, de la prison ou de la salle de police, est privé de permissions et d'exemptions pendant le reste de la semaine et le dimanche suivant.

Dispositions communes aux divers grades.

327. Le nombre des permissions et des exemptions d'exercice est limité par le colonel, lorsqu'il le juge nécessaire.

Les permissions accordées pour la journée et au delà sont mentionnées au rapport.

CHAPITRE XXXVII.

PUNITIONS.

Fautes contre la discipline.

328. Sont réputés fautes contre la discipline et punis comme telles, suivant leur gravité :

De la part du supérieur, tout propos injurieux, toute voie de fait envers un subordonné, toute punition injustement infligée ;

De la part de l'inférieur, tout murmure, mauvais propos ou défaut d'obéissance, quelque raison qu'il croie avoir de se plaindre ; l'infraction des punitions ; l'ivresse, pour peu qu'elle trouble l'ordre public ou militaire ; le dérangement de conduite ; les dettes ; les querelles entre militaires ou avec des citoyens ; le manque aux appels, à l'instruction, aux différents services ; les contraventions aux ordres et aux règles de police ; enfin toute faute contre le devoir militaire, provenant de négligence, de paresse ou de mauvaise volonté.

Les fautes sont toujours plus graves quand elles sont réitérées et surtout habituelles, quand elles ont eu lieu pendant la durée du service, ou lorsqu'il s'y joint quelque circonstance qui peut porter atteinte à l'honneur ou entraîner du désordre.

Tout supérieur qui rencontre un inférieur pris de vin, ou troublant la tranquillité publique, ou dans une tenue indécente, doit employer son influence, et même son autorité pour le faire rentrer dans l'ordre; toutefois, il doit, autant que possible, éviter de se commettre avec lui, particulièrement lorsque l'inférieur est dans l'ivresse : il cherche à le faire arrêter par ses camarades, et au besoin par la garde.

A moins de nécessité absolue, la punition qu'aurait encourue un homme ivre ne doit lui être infligée que lorsque l'état d'ivresse a cessé.

Droit de punir.

329. En ce qui concerne le service et l'ordre public, tout militaire peut être puni par un militaire d'un grade supérieur au sien, quels que soient l'arme et le corps de celui-ci.

Nul ne peut être puni de plusieurs peines de discipline, simultanément ni successivement, pour une seule et même faute.

Tout supérieur qui inflige une punition à un militaire d'un autre régiment, en rend compte sur-le-champ au commandant de la place, qui en informe le chef du corps auquel appartient le militaire puni.

L'officier commandant par intérim un escadron a le droit d'infliger les mêmes punitions que le capitaine commandant.

L'officier supérieur commandant par intérim le régiment a le droit d'infliger les même punitions que le colonel.

Tout capitaine, lieutenant ou sous-lieutenant, commandant un détachement, a le droit d'infliger les mêmes punitions que les articles 332, 344, 348 et 349 assignent aux attributions des officiers supérieurs ; l'officier supérieur commandant un détachement a les mêmes droits à cet égard que le colonel, sauf ce qui est dit article 352.

Le commandant du régiment peut augmenter ou diminuer les punitions ; il peut en changer la nature et même les faire cesser. Dans ce dernier cas, il fait sentir à celui qui a puni l'erreur qu'il a commise, et le charge de lever la punition. Il le punit lui-même s'il est reconnu qu'il y a eu de sa part abus d'autorité.

Dans les corps qui ne sont composés que d'un escadron, l'officier commandant a le droit d'infliger les mêmes punitions qu'un chef d'escadrons dans un régiment. Lorsqu'il y a lieu d'ordonner des punitions plus graves, il en rend compte au commandant de la place qui prononce.

Impartialité dans les punitions.

330. Les punitions doivent être proportionnées, non-seulement aux fautes, mais encore à la conduite habituelle de chaque homme, au temps de service qu'il a accompli, et à la connaissance qu'il a des règles de la discipline.

Elles doivent être infligées avec justice et

imparfialité, et jamais par aucun sentiment
de haine ni de passion. Le supérieur doit
s'attacher à prévenir les fautes; lorsqu'il est
dans l'obligation de punir, il recherche avec
soin toutes les circonstances atténuantes. En
infligeant une punition, il ne se permet jamais
de propos outrageants; le calme du supérieur
fait connaître qu'en punissant il n'est animé
que par le bien du service et le sentiment de
son devoir.

PUNITIONS DES OFFICIERS.

Nature des punitions.

331. Les punitions à infliger aux officiers,
pour faute de discipline, sont :

Les arrêts simples,

La réprimande du colonel,

Les arrêts de rigueur,

La prison.

La réprimande a lieu en présence seulement d'un ou de plusieurs officiers du grade
supérieur, ou en présence aussi des officiers
du même grade réunis à cet effet.

La durée des arrêts simples ne peut excéder trente jours; il en est de même de celle
des arrêts de rigueur. La prison ne peut être
ordonnée pour plus de quinze jours; cette
dernière punition est toujours mise à l'ordre.

Arrêts simples.

332. Un officier peut être mis aux arrêts
simples par tout autre officier d'un grade

13

supérieur, ou même d'un grade égal, si ce
dernier est plus ancien, ou s'il est adjudant-
major, et s'il a le commandement du détachement, de la garnison ou du cantonnement
dont l'autre fait partie.

Un lieutenant peut ordonner les arrêts
simples pendant quatre jours; un adjudant-
major ou un capitaine, pendant huit; un
capitaine commandant, dans son escadron,
ou un officier supérieur, pendant quinze; le
colonel pendant trente jours.

Un officier aux arrêts simples n'est exempt
d'aucun service; il est tenu de garder la
chambre sans recevoir personne, excepté
pour affaires de service.

Arrêts de rigueur et prison.

333. Les arrêts de rigueur et la prison ne
peuvent être ordonnés que par le commandant du régiment. Ces punitions suspendent
de toutes fonctions militaires; elles obligent
l'officier puni à remettre son épée ou son
sabre, et à payer la sentinelle lorsqu'il est
jugé nécessaire d'en placer une à sa porte.

Il lui est fait à ce sujet une retenue journalière du cinquième de ses appointements;
cette retenue est versée à l'ordinaire des
hommes qui ont fourni la garde.

L'épée d'un officier supérieur aux arrêts
de rigueur ou en prison est portée chez le
colonel par un adjudant-major, et celle d'un
officier inférieur, par un adjudant.

Comment sont ordonnées les punitions.

334. Les arrêts peuvent être ordonnés de vive voix ou par un billet cacheté ; ce billet, qui indique le jour de l'expiration des arrêts, est porté par l'adjudant-major de semaine aux officiers supérieurs, et par l'adjudant de semaine aux autres officiers. Un officier d'un grade supérieur à l'officier puni, ou plus ancien que lui, peut seul être chargé de lui signifier verbalement les arrêts.

Les arrêts sont mis à l'ordre, lorsque l'intérêt de la discipline l'exige.

Compte rendu.

335. Tout officier qui a ordonné les arrêts à un officier du même escadron que lui en rend compte sur-le-champ au capitaine commandant qui en instruit le chef d'escadrons.

Si c'est un officier d'un autre escadron, mais sous les ordres du même chef d'escadrons, le compte est rendu à ce dernier, qui en fait informer le capitaine commandant.

Si l'officier puni appartient aux autres escadrons, l'officier qui a ordonné la punition en rend compte directement au lieutenant-colonel, qui en fait donner avis au chef d'escadrons ; celui-ci en fait prévenir le capitaine commandant.

Les chefs d'escadrons et le major rendent compte sur-le-champ au lieutenant-colonel des punitions infligées aux officiers sous leurs ordres.

Le colonel rend compte des arrêts simples
dans les rapports périodiques qu'il adresse
au maréchal de camp; lorsqu'il inflige les
arrêts de rigueur ou la prison, il lui en rend
compte immédiatement.

Levée des arrêts.

336. Les arrêts cessent à l'époque fixée
pour l'expiration de la punition et sans autre
formalité.

Tout officier doit, en sortant des arrêts ou
de prison, se présenter chez celui par l'ordre
duquel il a été puni, et le faire avec la déférence convenable. L'officier qui l'a puni l'a
fait prévenir de l'heure et du lieu où il le
recevra; l'un et l'autre sont dans la tenue
du jour. Un officier d'un grade supérieur ou
égal à l'officier puni peut être présent à cette
visite; il ne doit pas s'y trouver d'officier inférieur en grade à l'officier puni.

Fautes pendant les arrêts.

337. Si un officier aux arrêts simples com-
met une faute, tout supérieur peut augmenter
la durée de sa punition; le commandant du
régiment peut seul changer les arrêts simples
en arrêts de rigueur, et ceux-ci en prison.

L'officier qui viole ses arrêts est puni de la
prison.

Adjudants-majors; officiers comptables.

338. En ce qui concerne leur service spécial, les adjudants-majors ne sont punis que

par les officiers supérieurs; les officiers comptables ne peuvent l'être que par le colonel, le lieutenant-colonel ou le major. Pour ce qui est étranger à leur service, les uns et les autres peuvent être punis par tout officier d'un grade supérieur au leur.

Chirurgiens.

339. Le chirurgien-major ne peut être puni que par le colonel ou le lieutenant-colonel (1); le chirurgien aide-major ne peut l'être que par les officiers supérieurs ou par le chirurgien-major.

Le chirurgien-major s'adresse au lieutenant-colonel lorsqu'il a une punition à demander contre un lieutenant ou un sous-lieutenant.

Vétérinaires.

Les vétérinaires de 1re et 2e classe ne peuvent être punis que par les officiers supérieurs.

Les aides vétérinaires ne peuvent être punis que par les officiers supérieurs et les capitaines.

Les autres officiers peuvent seulement provoquer leur punition près du chef de corps.

Les vétérinaires sont subordonnés, les uns aux autres, d'après leur rang dans la hiérarchie, conformément à l'article 7 du décret du

---

(1) Ou par l'officier qui le remplace par intérim.

28 *janvier* 1852 : *chacun d'eux peut être puni par son supérieur.*

Les punitions que peuvent encourir les vétérinaires sont déterminées ainsi qu'il suit :

Les arrêts simples,

La réprimande du colonel,

Les arrêts de rigueur,

La prison.

Les vétérinaires provoquent, de la part du capitaine instructeur, des punitions pour tous les sous-officiers du corps, pour infraction dans le service général de l'infirmerie.

Dans tous les autres cas où ils auraient à se plaindre d'un cavalier, brigadier ou sous-officier, ils portent plainte à l'adjudant-major de semaine ou au capitaine commandant qui prononce la punition, s'il y a lieu (articles 30, 31 et 32 du règlement du 12 juin 1852, *Journ. milit.*, p. 521).

Punitions demandées par les membres de l'intendance.

340. Lorsque le sous-intendant militaire a sujet de se plaindre, *pour des faits particuliers à l'administration, du major, du trésorier ou de l'officier d'habillement, il en informe le colonel, et, s'il y a lieu, demande leur punition ;* le colonel ne peut la refuser que par des considérations majeures, dont il rend compte immédiatement au maréchal de camp.

Il en est de même à l'égard des chirurgiens, en ce qui concerne leur service aux hôpitaux (article modifié conformément à la décision royale du 8 juillet 1835, *Journ. milit.*, p. 39).

Punitions infligées par les commandants de place.

341. Les commandants de place peuvent mettre aux arrêts simples tout officier d'un grade égal au leur ; ils en rendent compte au maréchal de camp qui, sur leur rapport, et après avoir pris, s'il y a lieu, les renseignements nécessaires, fixe la durée de la punition.

Les commandants de place peuvent mettre aux arrêts de rigueur et en prison les officiers d'un grade qui leur est inférieur. Ils ont, quant à la durée des punitions qu'ils leur infligent, les mêmes droits qu'un colonel ; ils informent les chefs de corps des punitions qu'ils ont infligées à leurs subordonnés ; ils en rendent compte au maréchal de camp.

Punitions infligées par les généraux.

342. Le maréchal de camp et le lieutenant général sous les ordres desquels le corps est placé peuvent diminuer, augmenter ou changer la punition des arrêts de rigueur et de la prison ; le maréchal de camp peut prolonger jusqu'à trente jours la durée de la prison ; il en rend compte au lieutenant général. Le lieutenant général peut infliger la prison ou la détention dans un fort pendant soixante jours ; il en rend compte sur-le-champ au ministre de la guerre.

Tout autre officier général peut ordonner les arrêts et la prison aux officiers de tout grade, en se renfermant dans les limites prescrites par l'art. 331 ; il en rend compte au lieutenant général commandant la division.

PUNITIONS DES SOUS-OFFICIERS.

Nature des punitions.

343. Les punitions à infliger aux sous-officiers sont :

La privation de sortir du quartier après l'appel du soir,

La consigne au quartier ou dans la chambre,

La salle de police,

La prison.

Pour les fautes de tenue, soit personnelles, soit relatives à leur troupe, les sous-officiers sont punis de la consigne.

Pour les fautes contre la discipline intérieure, ils sont punis de la salle de police.

Pour les fautes plus graves, entre autres celles qu'ils commettent pendant un service armé, ils sont punis de la prison.

La punition de la consigne ne peut être infligée pour plus de trente jours ; il en est de même de la punition de la salle de police. La prison ne peut être infligée pour plus de quinze jours.

Par qui ordonnées.

344. Les punitions sont ordonnées aux sous-officiers de la manière suivante :

Par les maréchaux des logis chefs, quatre jours de consigne, ou deux jours de salle de police ;

Par le maréchal des logis chef, dans son escadron, par les adjudants, les sous-lieutenants ou les lieutenants, huit jours de consigne, ou quatre jours de salle de police ;

Par les adjudants-majors ou par les capitaines, quinze jours de consigne ou huit de salle de police, ou quatre de prison ;

Par le capitaine commandant, dans son escadron, ou par les officiers supérieurs, trente jours de consigne, ou quinze de salle de police, ou huit de prison.

Le colonel peut ordonner jusqu'à trente jours de salle de police ou quinze de prison.

Les punitions à infliger aux sous-officiers d'état-major et à ceux du peloton hors rang sont prononcées, pour ce qui regarde leur service spécial, par les officiers qui en ont la direction; pour tout autre objet, elles le sont par tout supérieur en grade.

Consignés.

345. Les sous-officiers consignés ne sont dispensés d'aucun service. Lorsque leur service exige qu'ils sortent du quartier, ils en préviennent l'adjudant de semaine, et reprennent leur punition aussitôt après.

Salle de police; prison.

346. Tout service est interdit aux sous-

13.

officiers à la salle de police ou en prison.
Ceux qui sont à la salle de police assistent,
dans la même tenue que les autres sous-officiers, à toutes les classes d'instruction auxquelles ils sont attachés. Ceux qui sont en
prison n'y assistent pas.

PUNITIONS DES BRIGADIERS ET CAVALIERS.

Nature des punitions.

347. Les punitions à infliger aux brigadiers et cavaliers sont :

La consigne au quartier,

La salle de police,

La prison,

Le cachot,

L'interdiction de porter le sabre hors du
service.

Pour les fautes légères dans les chambrées
ou aux écuries, pour irrégularité dans la tenue, pour négligence ou paresse à l'instruction, pour manque aux appels de la journée,
les brigadiers et les cavaliers sont punis par
la consigne ; les cavaliers peuvent l'être aussi
par une ou plusieurs corvées.

Tout homme légèrement pris de boisson,
s'il ne se met pas souvent dans ce cas, et s'il
ne trouble pas l'ordre et la tranquillité, est
seulement puni de la consigne pour la journée.

Pour négligence dans l'entretien de leurs
effets ou de leurs armes, les cavaliers sont

punis par un ou plusieurs jours d'inspection avec la garde.

Pour manque à l'appel du soir, pour mauvais propos, désobéissance, querelle, ivresse, les brigadiers et les cavaliers sont punis de la salle de police.

Pour les fautes plus graves, particulièrement lorsqu'elles sont commises pendant un service armé, ils sont punis de la prison ou même du cachot.

Pour avoir tiré le sabre dans des rixes particulières, et indépendamment des autres punitions qu'ils peuvent avoir encourues, ils sont privés, pour un temps déterminé, de la faculté de porter cette arme hors du service.

La punition de la consigne ne peut être infligée pour plus de trente jours ; il en est de même de la punition de la salle de police. La prison ne peut être infligée pour plus de quinze jours. Le cachot ne peut l'être que pour quatre jours, et en déduction d'autant de jours de prison.

Par qui ordonnées aux brigadiers.

348. Les punitions sont ordonnées aux brigadiers, y compris le brigadier fourrier, de la manière suivante :

Par les sous-officiers, quatre jours de consigne, ou deux jours de salle de police ;

Par le maréchal des logis chef dans son escadron, par les adjudants, les sous lieutenants ou les lieutenants, huit jours de consigne, ou quatre de salle de police, et huit jours d'interdiction de port du sabre;

Par les adjudants majors ou les capitaines, quinze jours de consigne, ou huit de salle de police, ou quatre de prison, et quinze jours d'interdiction de port du sabre;

Par le capitaine commandant dans son escadron, ou par les officiers supérieurs, trente jours de consigne, ou quinze de salle de police, ou huit de prison, et trente jours d'interdiction de port du sabre.

Le colonel peut infliger trente jours de salle de police ou quinze de prison, et ordonner le cachot. Il peut interdire le port du sabre pendant soixante jours.

Les brigadiers sont mis dans les mêmes salle de police et prison que les sous-officiers.

Par qui ordonnées aux cavaliers.

349. Les corvées et l'inspection avec la garde peuvent être ordonnées aux cavaliers par les autorités de tout grade.

Les autres punitions sont ordonnées de la manière suivante :

Par les brigadiers et le brigadier fourrier, quatre jours de consigne, ou deux de salle de police ;

Par les sous-officiers, huit jours de consigne, ou quatre de salle de police ;

Par le maréchal des logis chef dans son escadron, par les adjudants, les sous-lieutenants ou les lieutenants, quinze jours de consigne, ou huit de salle de police, et quinze jours d'interdiction de port du sabre;

Par les adjudants-majors ou les capitaines, trente jours de consigne, ou quinze de salle de police, ou quatre de prison, et trente jours d'interdiction de port du sabre;

Par le capitaine commandant dans son escadron, ou par les officiers supérieurs, trente jours de consigne ou de salle de police, ou huit jours de prison, et soixante jours d'interdiction de port du sabre.

Le colonel peut infliger quinze jours de prison et ordonner le cachot. Il peut interdire le port du sabre pendant quatre-vingt-dix jours.

Service des hommes punis.

350. Les brigadiers et cavaliers consignés ou détenus à la salle de police ne sont dispensés d'aucun service; ils assistent à toutes les classes d'instruction auxquelles ils sont attachés; ils reprennent leur punition au retour; les sous-officiers et les brigadiers de semaine en sont responsables.

Ils sont en outre exercés, en peloton de punition, aux heures indiquées par l'adjudant-major de semaine, et sous le commandement d'un adjudant ou d'un sous-officier désigné à cet effet.

Les cavaliers consignés ou détenus à la

salle de police sont employés à toutes les corvées du quartier.

Tout cavalier doit, à sa sortie de prison, panser un cheval de corvée, s'il y en a, autant de jours que le sien a été pansé pendant sa punition.

Les brigadiers et les cavaliers en prison ou au cachot ne font pas de service; leurs centimes de poche sont versés en totalité aux ordinaires dont ils font partie.

Dispositions communes aux sous-officiers, brigadiers et cavaliers.

351. Tout officier, sous-officier ou brigadier qui inflige une punition, doit en faire informer le capitaine commandant par le maréchal des logis chef de l'escadron auquel appartient l'homme puni, en indiquant le motif de la punition et le jour auquel elle expire.

A l'expiration des punitions, l'adjudant de semaine fait élargir les hommes punis, et les fait conduire à leur escadron par les brigadiers de semaine.

Lorsque des maréchaux des logis et des brigadiers sont chefs de poste, ils peuvent infliger aux hommes de service sous leurs ordres les punitions que les lieutenants sont autorisés à ordonner par les articles 348 et 349.

Les capitaines commandants peuvent, dans leur escadron, augmenter les punitions infli-

gées par leurs subordonnés ; ils en rendent
compte. Lorsqu'il y a lieu à diminuer les
punitions, ils en font la demande par la voie
du rapport.

Les chirurgiens peuvent infliger la consigne ou la salle de police aux sous-officiers,
brigadiers et cavaliers; ils en rendent compte
au lieutenant-colonel, qui, sur leur demande,
fixe la durée de la punition et la fait porter
au rapport.

Le droit de consigner au quartier la totalité ou une fraction d'une troupe n'appartient qu'aux officiers généraux sous les ordres desquels elle se trouve, au commandant
de la place et au commandant de cette troupe. Ce dernier, lorsqu'il a jugé nécessaire
d'ordonner cette punition, en informe sur-
le-champ le commandant de la place et lui en
fait connaître les motifs ; il en rend compte
au maréchal de camp. Hors le cas d'urgente
nécessité, cette consigne ne peut, sans l'autorisation du maréchal de camp ou du commandant de la place, être infligée pour plus
de vingt-quatre heures. Les officiers de semaine des escadrons consignés sont tenus de
rester au quartier jusqu'à l'appel du soir ; le
colonel peut ordonner aussi que tous les officiers de ces escadrons se trouvent au quartier.

Le colonel seul peut ordonner que les hommes punis de la prison subissent leur peine
dans la prison de la place.

FORMES POUR SUSPENDRE ET POUR CASSER DES SOUS-OFFICIERS OU BRIGADIERS, ET POUR FAIRE DESCENDRE DES CAVALIERS DE LA PREMIÈRE CLASSE A LA SECONDE.

Suspensions et cassations.

352(1). Les sous-officiers et brigadiers peuvent être suspendus de leurs fonctions pendant un temps déterminé qui n'excédera pas deux mois ; ils seront astreints pendant ce temps au service du grade inférieur.

Les adjudants peuvent être replacés dans l'emploi de maréchal des logis chef ou celui de maréchal des logis ; les maréchaux des logis chefs, dans l'emploi de maréchal des logis ; les maréchaux des logis, dans le grade de brigadier.

Enfin les maréchaux des logis chefs, les maréchaux des logis et les brigadiers peuvent être cassés et replacés dans les rangs des cavaliers.

Les suspensions sont prononcées par le commandant du régiment.

A moins de circonstances majeures et inopinées, le commandant du régiment n'inflige cette punition que sur la proposition du ca-

---

(1) Les règles tracées par cet article sont applicables aux démissions et demandes de rétrogradations volontaires des sous-officiers et brigadiers (*Décis. minist. du 6 septembre 1843, Journ. milit.*, p. 240).

pitaine commandant, l'avis du chef d'escadrons et celui du lieutenant-colonel.

Si les motifs concernent l'administration, le major donne aussi son avis.

Si la faute a été commise dans un poste ou pendant tout service soumis à la surveillance des adjudants-majors et des adjudants, la proposition de l'adjudant-major de semaine et l'avis du chef d'escadrons de semaine remplacent la proposition du capitaine commandant et l'avis du chef d'escadrons.

Lorsqu'il y a lieu de faire descendre un sous-officier au grade où à l'emploi inférieur, le capitaine commandant dresse une plainte qui est remise au colonel, après avoir été revêtue de l'avis du chef d'escadrons, de celui du lieutenant-colonel, et, si les faits sont relatifs à l'administration, de celui du major. Cette plainte doit être accompagnée du relevé des punitions et de l'état des services du sous-officier. S'il s'agit d'un adjudant, le plus ancien adjudant-major dresse la plainte et le plus ancien chef d'escadrons donne son avis.

Si la plainte est motivée principalement sur une faute commise dans un poste ou pendant un service soumis à la surveillance des adjudants-majors et des adjudants, elle est accompagnée, en outre, du rapport de l'adjudant-major de semaine, visé par le chef d'escadrons de semaine.

Le colonel adresse le tout au maréchal de camp avec un rapport spécial.

Le maréchal de camp prend de nouvelles informations, entend, s'il y a lieu, le prévenu, et prononce.

La cassation portant atteinte à toute la carrière militaire, ne doit être employée qu'avec la plus grande circonspection (1), et pour les fautes très-graves ou l'incorrigibilité bien reconnue.

Lorsqu'il y a lieu de casser un maréchal des logis chef, un maréchal des logis ou un brigadier, on suit la marche qui vient d'être tracée pour faire descendre un sous-officier au grade ou à l'emploi inférieur.

La cassation d'un brigadier est prononcée par le maréchal de camp.

La cassation d'un maréchal des logis ou d'un maréchal des logis chef est prononcée par le lieutenant-général (2); le maréchal de

---

(1) La cassation des sous-officiers et brigadiers prévenus de crimes ou délits ne doit pas avoir lieu préalablement à leur mise en jugement (*Circulaire du 25 mars 1838, Journ. milit.*, p. 163).

(2) *La cassation des sous-officiers ne sera plus prononcée que par le ministre de la guerre* (Décret impér. du 14 janvier 1853, *Journ. milit.*, p. 16)

Le général de division ajoutera son avis à celui du général de brigade, et transmettra ensuite toutes les pièces au ministre, afin qu'il prononce en parfaite connaissance de cause (*Circulaire du 20 janvier 1853, Journ. milit.*, p. 44).

Les généraux commandant, soit une armée en campagne, soit une division située ou stationnée au delà des mers, auront la faculté de prononcer la cassation des sous-offi-

camp lui adresse à cet effet les pièces avec
son avis et les renseignements qu'il a pris
soin de recueillir.

Les pièces concernant les cassations ou le
renvoi dans un grade ou emploi inférieur
sont remises au colonel, qui les fait déposer
aux archives du corps, pour être présentées
à l'inspecteur général, qui s'assure que toutes les formes ont été observées.

Lorsque des sous-officiers et brigadiers sont
membres de la Légion d'honneur *ou décorés
de la Médaille militaire* (décision impériale du
2 mars 1853, *Journ. milit.*, p. 129), ils ne
peuvent être cassés que d'après l'autorisation
du ministre de la guerre, et sur la proposition du lieutenant général; dans tous les
cas, ils peuvent être suspendus de leurs
fonctions.

---

*ciers et celle des brigadiers, membres de la légion d'hon-
neur ou décorés de la Médaille militaire, sous la condition
de rendre compte sur-le-champ au ministre de leurs décisions, avec toutes les pièces à l'appui* (Décision impér. du
7 avril 1853, *Journ. milit.*, p. 218).

À l'avenir, lorsqu'un sous-officier ou brigadier aura été
condamné correctionnellement à une peine plus grave que
celle de trois mois de prison, il perdra son grade.

Lorsque la peine prononcée sera celle de trois mois de
prison, ou au-dessous, le ministre décidera seul si le militaire doit perdre son grade ou le conserver.

Le général commandant la division rendra compte de
toutes les circonstances de l'affaire, ainsi que des antécé-
dents du militaire, afin de mettre le ministre à même de
prononcer en parfaite connaissance de cause (*Décis. minist.
du 11 mai 1853, Journ. milit.*, p. 246).

Les cavaliers de première classe sont cassés par le colonel sur le rapport du capitaine commandant, l'avis du chef d'escadrons et celui du lieutenant-colonel.

En ce qui concerne le peloton hors rang, l'officier d'habillement a les mêmes attributions que le capitaine commandant un escadron, et l'avis du major remplace celui du chef d'escadrons.

Lorsqu'un ou plusieurs escadrons sont détachés hors de la division où se trouve le régiment, le pouvoir de casser les cavaliers de première classe et de suspendre les sous-officiers et brigadiers appartient au commandant du détachement, qui en rend compte au colonel; lorsqu'il y a lieu de casser des sous-officiers ou brigadiers, le commandant du détachement envoie au colonel le rapport et les pièces à l'appui, et prend ses ordres. En temps de guerre, il envoie directement au maréchal de camp le rapport et les pièces; il rend compte au colonel. En tous temps, lorsque le colonel est avec une partie du régiment hors de France, le commandant du dépôt et les commandants des portions du corps restées dans l'intérieur se conforment à cette dernière disposition.

Comment exécutées.

353. Les suspensions sont mises à l'ordre, ainsi que les cassations. L'ordre annonce

aussi quand un sous-officier descend à un grade ou emploi inférieur.

Les sous-officiers et les brigadiers qui sont cassés passent dans un autre escadron.

Les sous-officiers suspendus reçoivent leur nourriture de l'ordinaire de leur peloton.

CHAPITRE XXXVIII.

RÉCLAMATIONS.

Dispositions générales.

354. Les réclamations individuelles sont les seules autorisées.

Réclamations par suite de punitions.

355. Des punitions injustes ou trop sévères pouvant être infligées par suite de rapports inexacts, d'informations mal prises, ou par des motifs particuliers étrangers au service, les réclamations sont admises en se conformant aux règles suivantes :

Quel que soit l'objet de la réclamation, elle ne peut être portée qu'aux officiers ou aux généraux sous les ordres immédiats desquels se trouve placé le militaire qui la fait.

Tout militaire recevant l'ordre d'une punition doit d'abord s'y soumettre ; les sous-officiers, les brigadiers ou les cavaliers peuvent ensuite adresser leurs réclamations au capitaine commandant ; les officiers peuvent soumettre les leurs à leur chef d'escadrons ou au lieutenant-colonel.

Les réclamations relatives aux punitions infligées pendant le service sont de préférence adressées à l'adjudant, à l'adjudant-major ou au chef d'escadrons de semaine.

Un homme qui réclame étant dans l'ivresse ne peut être entendu.

Les officiers et les sous-officiers doivent écouter avec calme les réclamations, en vérifier avec soin l'exactitude et y faire droit lorsqu'elles sont fondées; mais ils peuvent augmenter les punitions contre lesquelles on a réclamé sans de justes motifs.

Réclamations relatives à des effets d'habillement ou autres.

356. Quand un sous-officier, un brigadier ou un cavalier croit avoir à se plaindre de la qualité d'un effet qui lui a été donné, soit à son compte, soit à celui du corps, il le présente sans retard au capitaine commandant; si sa réclamation n'est pas accueillie, il peut la soumettre au major, et même au conseil d'administration.

Manière de réclamer auprès du colonel et des généraux.

357. Dans un cas extraordinaire, les militaires de tout grade sont autorisés à s'adresser directement au colonel, soit par écrit, soit verbalement.

Ils peuvent également adresser des réclamations par écrit aux généraux, mais seulement après avoir réclamé hiérarchiquement auprès du colonel, à moins que la réclamation ne le concerne personnellement.

Ils peuvent de même, pour des objets concernant l'administration, réclamer, verbalement ou par écrit, auprès de l'intendant ou du sous-intendant (article modifié par décision royale du 8 juillet 1835, *Journ. milit.*, p. 39).

Réclamations concernant l'avancement.

358. Les réclamations ayant pour objet l'avancement ou toute autre récompense doivent, à moins de cas extraordinaires, n'être faites qu'à l'époque de l'inspection générale. Toute réclamation individuelle qui parviendrait au ministre de la guerre autrement que par les voies hiérarchiques entraînerait la punition de celui qui l'aurait adressée.

CHAPITRE XXXIX.

CONSEILS D'ENQUÊTE POUR LES OFFICIERS (1).

---

(1) Ce chapitre a été rapporté par la décision royale du 18 septembre 1834.

Voir à la fin du volume, pag. 294, la loi du 19 mai 1834, sur l'état des officiers, et l'ordonnance du 21 mai 1836, sur l'organisation des conseils d'enquête.

CHAPITRE XL.

CONSEILS DE DISCIPLINE POUR LES CAVALIERS.

Envoi aux compagnies de discipline.

377. Les cavaliers qui, sans avoir commis des délits justiciables des conseils de guerre, persévèrent néanmoins à porter le trouble et le mauvais exemple dans le régiment, sont désignés au lieutenant général pour être incorporés dans une compagnie de discipline.

Lorsqu'un capitaine commandant juge qu'un cavalier de son escadron a mérité d'être envoyé dans une compagnie de discipline, il en fait le rapport, par écrit, à son chef d'escadrons, en précisant les fautes ou les contraventions du cavalier, les punitions qui lui ont été infligées, et les récidives qui donnent à sa conduite un caractère de persévérance dangereux pour l'ordre et la police du corps.

Le chef d'escadrons adresse ce rapport avec son avis au lieutenant-colonel qui le transmet au colonel. Le colonel, ou, lorsqu'il est absent, le commandant du régiment, convoque un conseil de discipline, composé d'un chef d'escadrons, des trois plus anciens capitaines et des trois plus anciens lieutenants du régiment, pris hors de l'escadron auquel appartient le militaire inculpé.

Lorsque deux ou plusieurs escadrons sont détachés ensemble hors du département dans lequel le régiment est stationné, le conseil de discipline est convoqué, sur la demande de l'officier commandant ces escadrons, par le maréchal de camp commandant la brigade ou la subdivision militaire dont les escadrons font partie; il est composé du plus ancien capitaine, des deux plus anciens lieutenants, et des deux plus anciens sous-lieutenants pris, toutes les fois qu'il est possible, hors de l'escadron auquel appartient le cavalier inculpé (1).

Le chef d'escadrons sous les ordres duquel se trouve l'escadron dont le cavalier fait partie, le capitaine commandant et le plus ancien adjudant-major, sont consultés; lorsqu'ils se sont retirés, le cavalier est entendu dans sa défense. Le conseil rédige ensuite son avis motivé, et le remet au colonel. Si cet avis est défavorable au cavalier, le colonel le transmet, avec son opinion particulière, au maréchal de camp; il y joint le rapport du capitaine commandant, l'avis du chef d'escadrons, l'état signalétique et de services du cavalier inculpé et celui de ses punitions. Ces

(1) Lorsqu'un soldat a été reconnu susceptible d'être traduit devant un conseil de discipline, et que le corps ou le détachement, dont ce militaire fait partie, ne présentera pas, en officiers, les ressources suffisantes pour la formation du conseil, le général de brigade désignera, suivant le cas, pour composer ou pour compléter le conseil de discipline, les officiers des autres corps de la garnison, et, à défaut, les officiers appartenant à la garnison la plus voisine (*Décis. minist. du 28 mars* 1849, *Journ. milit.*, p. 206.)

deux états sont en double expédition. Le maréchal de camp adresse ces pièces, avec son avis, au lieutenant général, qui prononce et qui, s'il y a lieu, fait diriger le militaire sur une des compagnies de discipline que le ministre lui a désignée à l'avance. Le cavalier attend dans la prison de la place la décision du lieutenant général.

Quand le lieutenant général juge que tous les moyens de répression n'ont pas été épuisés, il ne donne pas suite à la demande du conseil ; il peut infliger au cavalier que cette demande concerne une détention dans un fort ou dans une prison militaire ; cette détention ne doit pas excéder deux mois.

Dans tous les cas, il rend compte au ministre.

CHAPITRE XLI.

ASSIETTE DU LOGEMENT ; CASERNEMENT.

Par qui les détails en sont suivis.

378. En arrivant dans une garnison, le major reçoit de l'adjoint au trésorier, qui a devancé la troupe, les premiers renseignements sur l'établissement du régiment ; il fait, en se conformant aux règlements, les dispositions nécessaires pour l'assiette du logement ; le porte-étendard est chargé, sous ses ordres, de suivre tous les détails du casernement.

Logement des escadrons.

379. Soit que le régiment occupe une ou plusieurs casernes, soit qu'il loge chez l'habitant, le logement est assis selon l'ordre de bataille des escadrons, et, dans les escadrons, selon le rang des divisions, pelotons, sections et escouades.

Le maréchal des logis chef, le maréchal des logis fourrier et le brigadier fourrier, logent ensemble, autant que possible, dans une chambre particulière au centre de l'escadron.

Les maréchaux des logis logent ensemble.

Logement du petit état major et du peloton hors rang.

380. Les adjudants ont chacun une chambre; à défaut de chambre particulière, ils logent ensemble; il en est de même des vétérinaires.

Le vaguemestre loge toujours seul.

Le trompette maréchal des logis et le trompette brigadier logent ensemble.

Lorsque le régiment occupe deux quartiers, on loge dans chacun d'eux, si cela est jugé nécessaire, un adjudant, un vétérinaire, et le trompette maréchal des logis ou le trompette brigadier.

Les maîtres ouvriers logent dans leurs ateliers.

Le peloton hors rang en est logé le plus près possible.

Un emplacement spécial est destiné aux tables des sous-officiers.

État des lieux ; réception des fournitures de couchage.

381. Le porte-étendard constate avec l'officier du génie, avant l'occupation, l'état du quartier que le régiment doit occuper; il signe l'état des lieux ainsi que le major.

La réception des fournitures de couchage a lieu à l'arrivée du régiment. Les officiers de semaine y assistent; les fournitures sont examinées avec le plus grand soin; tout ce qu'elles ont de défectueux est constaté par écrit.

S'il s'élève des contestations, le major les soumet au sous-intendant militaire.

État, par escadron, des objets de casernement.

382. Le porte-étendard fait dresser par les fourriers l'état de tout ce que contiennent les chambres de leur escadron. Ces états sont vérifiés et arrêtés par les capitaines commandants.

Tableau des logements.

383. Dès que le régiment est établi, le porte-étendard remet au major un état général indiquant le logement des officiers logés dans les bâtiments militaires, celui des escadrons et de l'état-major. Le major, après avoir visé cet état, le remet au colonel.

Chaque capitaine commandant remet l'état

du logement de son escadron à son chef
d'escadrons.

Registre des bons de fournitures.

384. Le porte-étendard tient un registre
sur lequel il inscrit les fournitures et tous les
objets de casernement reçus des magasins
militaires, ainsi que ceux qu'il délivre aux
escadrons et à l'état-major.

Il reçoit les bons des capitaines commandants pour les escadrons, et fait lui-même
les bons pour l'état-major et le peloton hors
rang ; il soumet les uns et les autres à l'approbation du major, qui vérifie et arrête le
registre tous les trois mois.

Visite trimestrielle.

385. Tous les trois mois, il fait une visite
générale des fournitures et du casernement ;
il en fait prévenir les capitaines commandants ; les officiers de peloton y assistent. Le
porte-étendard prescrit, au compte de qui de
droit, la réparation ou le remplacement des
objets détériorés ou perdus.

Une semblable visite est faite avant le départ du régiment.

S'il y a des réclamations, le major en décide.

Changement des draps de lits.

386. Le porte-étendard fait changer les
draps de lit tous les vingt jours en été, et
tous les mois en hiver.

14.

Il est donné des draps blancs à tout homme arrivant au régiment; les draps d'un homme qui s'absente sont retirés.

Nettoyage des cheminées.

387. Le porte-étendard veille à ce que les cheminées soient nettoyées aussi fréquemment qu'il est nécessaire.

Remise du casernement, au départ.

388. Lorsque le régiment doit quitter la garnison, le porte-étendard fait, la veille du départ, dès le matin, rendre par les fourriers les fournitures de lit. Les capitaines en second, ou à leur défaut les officiers de semaine, assistent à cette remise.

Les chambres, les corridors, les escaliers et les cours des quartiers, sont mis dans le plus grand état de propreté, faute de quoi les frais de balayage qui en résultent sont au compte des escadrons.

Le lendemain, dès que le régiment est assemblé, le porte-étendard procède, avec le préposé du génie et en présence des fourriers, à l'estimation des dégradations, provenant du fait de la troupe, qui n'ont pas été réparées. S'il y a des contestations, elles sont soumises par le major au sous-intendant militaire.

Ce jour-là, le colonel fait porter l'étendard par le plus ancien maréchal des logis chef.

CHAPITRE XLII.

TABLES.

Tables des officiers.

389. Le lieutenant-colonel est spécialement chargé de la surveillance des tables
d'officiers; il règle dans un esprit de rigou-
reuse économie le prix des pensions, et s'assure que le paiement a régulièrement lieu
tous les mois.

Les officiers supérieurs vivent ensemble.
Les capitaines et les adjudants-majors forment une table. Les lieutenants et sous-lieutenants en forment une ou plusieurs autres.

Pendant la saison des semestres, ainsi
qu'en route et dans les détachements, les
officiers supérieurs peuvent manger avec les
capitaines.

Les officiers mariés, dont la famille est au
corps, sont autorisés à manger chez eux.

Lorsque le régiment est divisé, ou lorsque,
pour tout autre motif, des officiers de différents grades vivent ensemble, les dépenses
sont toujours réglées sur les appointements
de l'officier le moins élevé en grade (1).

---

(1) Les chirurgiens-majors et aides-majors employés
dans les corps de troupe doivent se conformer, comme tous
les autres officiers, aux mesures d'ordre et de discipline.
L'art. 389, qui ne contient qu'une disposition de police intérieure, leur est donc applicable (*Solut. minist. du 20 fe-
vrier* 1845, *Journ. milit.*, p. 44).

Les vétérinaires de tous grades vivent à la table des lieu-

Tables des sous-officiers.

390. Les adjudants vivent ensemble; il en est de même des maréchaux des logis chefs. En détachement, un adjudant peut vivre avec les maréchaux des logis chefs.

Les maréchaux des logis et les fourriers du même escadron, ou de plusieurs escadrons réunis, vivent également ensemble.

Le prix des pensions des sous-officiers est proportionné à leur solde, et réglé par le lieutenant-colonel.

En détachement, quand les sous-officiers ne peuvent vivre séparément, ils tirent leur subsistance de l'ordinaire des cavaliers, en y versant cinq centimes de plus que les soldats. La soupe leur est mise à part.

Les adjudants surveillent et dirigent, sous les adjudants-majors, tout ce qui regarde les tables des sous-officiers; ils exigent que les dépenses en soient régulièrement payées. A cet effet, il est placé dans les pensions un cahier servant à recevoir, chaque jour de prêt, les quittances de ceux qui tiennent ces pensions. Le plus ancien adjudant-major vise ce cahier tous les quinze jours au moins.

Repas de corps.

391. Les repas de corps sont généralement interdits; cependant, dans quelques circon-

---

tenants et sous lieutenants (*Règlem. du 12 juin 1852*, art. 34, *Journ. milit.*, p. 522).

stances rares, le colonel, avec l'approbation du maréchal de camp commandant, peut les autoriser, et, dans ce cas, ils ont lieu par grade.

CHAPITRE XLIII.

DETTES.

—

DETTES DES OFFICIERS.

Devoirs des officiers supérieurs.

392. Les officiers supérieurs doivent donner l'exemple de l'ordre et de l'économie.

Le lieutenant-colonel tient la main à ce qu'aucun officier ne se livre à des dépenses qui le mettent dans le cas de contracter des dettes; il surveille particulièrement ceux qui ont l'habitude d'en contracter ou qui ont le goût du jeu.

Les officiers qui font des dettes sont sévèrement punis; il est fait mention de leur inconduite sous ce rapport au registre du personnel (1).

Retenues sur les appointements.

393. Lorsque les officiers font des dettes, soit pour leur nourriture, soit pour leur logement, leur tenue ou d'autres fournitures relatives à leur état, la totalité de leurs appointements, moins ce qui est nécessaire pour les dépenses courantes et indispensables, est

---

(1) L'art. 392 est applicable aux officiers de santé des corps (*Solut. minist. du* 20 *février* 1835, *Journ. milit*, p. 44).

employée à les acquitter. Le colonel, sur le
compte qui lui en est rendu par le lieutenant-
colonel, donne les ordres pour que le paiement soit fait dans le plus bref délai possible; dans ce cas, il peut prescrire aussi que
les officiers tirent leur nourriture d'un ordinaire de sous-officiers.

Lorsque des officiers ont des dettes d'une
nature autre que celles ci-dessus, elles sont,
après l'acquittement des premières, payées
au moyen d'une retenue d'un cinquième de
leurs appointements. Cette retenue est ordonnée par le colonel, sur l'avis du lieutenant-colonel, et la représentation des titres
constatant la légitimité des créances. Le lieutenant-colonel inscrit, en marge de ces titres,
les termes fixés pour le paiement. Les acquits
sont remis pour comptant aux officiers par le
trésorier.

Les indemnités, les gratifications d'entrée
en campagne et le traitement de la Légion
d'honneur, ne sont point passibles de cette
retenue.

Les retenues ont lieu de plein droit quand
elles sont ordonnées par le ministre, ou re-
quises en vertu d'oppositions ou de saisies
judiciaires. Elles n'excluent dans aucun cas
l'action des créanciers sur les biens meubles
et immeubles de leurs débiteurs, suivant les
règles établies par les lois (1).

____

(1) L'art.393 est applicable aux officiers de santé des corps
(*Solut. minist. du 20 février* 1835, *Journ. milit.*, p. 44).

Poursuites judiciaires.

394. Les actions en recouvrement de créances étant du ressort des magistrats civils, les officiers et les juges militaires ne peuvent en prendre connaissance qu'à l'armée et hors du royaume; ils ne peuvent non plus apporter aucun obstacle à la poursuite et à l'exécution du jugement.

Les armes, les chevaux, les livres, les instruments d'étude, les effets d'habillement et d'équipement dont les règlements prescrivent que les officiers soient pourvus, ne peuvent être saisis ni vendus au profit des créanciers.

DETTES DES SOUS-OFFICIERS, BRIGADIERS ET CAVALIERS.

Vigilance des officiers.

395. Les officiers, et surtout les capitaines commandants, doivent employer une grande vigilance à empêcher les sous-officiers, les brigadiers et les cavaliers, de faire des dettes; ils punissent avec sévérité ceux qui en contractent.

La suspension et même la cassation sont encourues par les sous-officiers et les brigadiers en cas de récidive.

Les créanciers sont sans recours sur la solde.

396. Il est interdit aux sous-officiers, aux brigadiers et aux cavaliers de contracter,

sous quelque prétexte que ce soit, aucun emprunt, dette ou engagement, et les créanciers sont sans recours légal sur leur solde. Lorsque le capitaine commandant a autorisé la dette, il en est responsable ; dans ce cas, il peut ordonner des retenues sur la solde des sous-officiers ; il les fait alors vivre à l'ordinaire du soldat.

Dans les villes où il n'y a pas d'état-major de place, le colonel, à l'arrivée du régiment, invite l'autorité municipale à faire publier ces dispositions, afin que les habitants ne soient pas exposés à des pertes, et qu'ils ne contribuent pas au dérangement des militaires par une blâmable facilité.

TITRE III.

ROUTES DANS L'INTÉRIEUR.

CHAPITRE XLIV.

ROUTES.

DISPOSITIONS PRÉLIMINAIRES.

Marches militaires.

397. Pour disposer les hommes et les chevaux à la route, il est fait, plusieurs jours avant le départ, des marches militaires avec

armes et bagages. Les chevaux reçoivent
pendant les trois jours qui précèdent le départ, le supplément d'avoine déterminé par
l'article 295.

L'adjoint au trésorier devançant le régiment.

398. Un ou deux jours avant que le régiment se mette en route, l'officier adjoint au
trésorier part pour faire dans chaque gîte les
dispositions suivantes :

1° Il se présente, à son arrivée, chez le
général commandant la division ou la subdivision ; il remet au commandant de la place,
au sous-intendant militaire et au maire, une
situation numérique du régiment ;

2° Il fait préparer le logement de manière
que l'ordre de bataille soit observé, et que
les officiers, les sous-officiers et les cavaliers
du même escadron soient logés, autant que
possible, dans la même rue ou le même quartier, et à portée de leurs chevaux ; il demande pour les chefs d'ordinaire des maisons
où la soupe puisse se faire et se manger com-
modément par escouade ; il recommande qu'il
ne soit pas délivré de billets de logement pour
les maisons qui ne sont pas habitées, et que
les habitants qui ne logent pas les militaires
chez eux fassent connaître à l'avance les maisons où ils les envoient, afin que les billets
soient faits en conséquence, et que les militaires puissent s'y rendre directement ;

3° Il fait désigner, pour les chevaux des

15

hommes de service, une écurie voisine du corps de garde de police;

4° Il s'assure qu'on a préparé les denrées nécessaires à la consommation du régiment, ainsi que les voitures destinées aux transports à la suite du corps. Si, dans certaines localités, il est reconnu nécessaire de passer des marchés pour la viande et le pain de soupe, les maires interviennent dans la fixation du prix de ces denrées. Les marchés doivent exprimer que les distributions se feront par escouade, et, autant que possible, dans chaque cantonnement, si le régiment est divisé;

5° Avant son départ de chaque gîte, il laisse à la mairie, pour le major, une lettre par laquelle il l'informe des mesures prises pour le logement, les vivres et les transports, ainsi que des marchés, s'il en a passé.

Si quelque partie de la troupe doit être détachée en arrière ou sur les côtés du lieu d'étape, il demande au maire un guide pour chaque détachement, et prend les mesures nécessaires pour que le colonel soit prévenu à temps; il lui indique les points où, pour ne pas faire de chemin inutile, les détachements doivent se séparer du régiment, et ceux où ils peuvent rejoindre le lendemain.

Lorsque le régiment doit faire séjour, l'adjoint au trésorier attend le trésorier pour prendre connaissance des mutations.

Tenue.

399. L'ordre de l'avant-veille du départ prescrit la tenue pour la route.

Livres et comptabilité des escadrons; contrôles et états pour la route.

400. Les maréchaux des logis chefs réunissent, dans une caisse ou dans un ballot, les registres et les papiers de leur comptabilité, de même que les livres de théories des sous-officiers, brigadiers et cavaliers; le tout ficelé et étiqueté par escadron. Cette caisse est mise sur une des voitures à la suite du régiment.

Les effets qui ne doivent point entrer dans le porte-manteau et qu'on permet de conserver, ainsi que ceux qui appartiennent à l'escadron en général, sont réunis dans un ballot étiqueté au numéro de l'escadron et déposé au magasin d'habillement.

Chaque maréchal des logis chef ne conserve qu'un cahier contenant le contrôle de l'escadron, par pelotons, sections, escouades et camarades de lits, et le contrôle d'ancienneté. Il inscrit sur ce cahier les mutations, les punitions, le prêt, les distributions et les effets délivrés aux hommes pendant la route; il fait préparer les états qui peuvent être demandés pendant la route, tels que feuilles d'appel, feuilles de prêt, états pour le logement, etc.

Ferrure.

401. Le colonel s'assure du bon état de la ferrure; il prescrit aux capitaines commandants de faire pourvoir chaque homme monté de deux fers forgés et des clous nécessaires.

Les cavaliers sont responsables de ce dépôt envers les maréchaux.

Chevaux douteux.

402. Les chevaux douteux sont laissés à la garnison; s'ils ne peuvent y être mis en subsistance dans un régiment, le sous-intendant militaire prend les mesures nécessaires pour qu'ils reçoivent les soins d'un vétérinaire de la ville (1).

LOGEMENT.

Composition et départ du logement.

403. Le logement, composé de l'adjudant de semaine et des fourriers, ayant avec eux chacun un cavalier, part deux heures avant le régiment.

Le capitaine de semaine part avec le logement et le commande pendant la marche.

---

(1) *Lorsque le corps reçoit l'ordre de se mettre en route, le vétérinaire désigne au rapport journalier, quelques jours avant le départ, les chevaux qui, pour cause de maladie, doivent rester à la garnison, et ceux qui, en raison de leur âge ou de leur état de santé, doivent voyager à petites journées, comme les convois de chevaux de remonte* (art. 25 du règlement du 12 juin 1852, Journ. milit., p. 520).

Le trésorier part de manière à arriver aussitôt que le logement.

Devoirs du trésorier, du capitaine de semaine et du major à leur arrivée.

404. Dès son arrivée, le trésorier se rend chez le commandant de la place et chez le sous-intendant militaire, pour les prévenir de l'heure présumée de l'arrivée du régiment; lorsqu'il n'y a pas de commandant de place, il se présente chez le maire. Il prend les mesures nécessaires pour que les voitures demandées par l'adjoint au trésorier, à son passage, soient exactement fournies, et qu'elles puissent être chargées le soir.

Le capitaine de semaine va reconnaître les denrées et le lieu des distributions. S'il a à se plaindre du poids ou de la qualité, il fait immédiatement ses réclamations au sous-intendant militaire, ou, à son défaut, au maire.

Quand le major est présent, il marche habituellement avec le logement; il dirige les officiers qui sont chargés des détails du logement et des subsistances; il fait toutes les démarches que le bien du service peut rendre nécessaires.

Devoirs de l'adjudant.

405. L'adjudant, après s'être assuré que le logement est fait conformément aux principes établis, en forme un état sommaire in-

diquant les rues occupées par les différents
escadrons, et le remet au major ; il distribue
ensuite aux fourriers les billets de logement
pour leur escadron.

Il reconnaît le corps de garde de police,
l'écurie destinée aux chevaux des hommes
de garde, les abreuvoirs et les endroits les
plus convenables pour les divers rassemblements. Il visite le logement du colonel et celui du lieutenant-colonel.

Il va au devant du régiment, le conduit
sur la place, et remet aux officiers d'état-
major leurs billets de logement.

Il établit la garde de police et remet au
commandant de cette garde une note indiquant les logements des officiers de l'état-
major, des chirurgiens, des adjudants, des
vétérinaires, du vaguemestre et du maréchal
des logis trompette.

Devoirs des fourriers.

406. Aussitôt que les fourriers ont reçu
les billets de logement, ils reconnaissent les
logements destinés à leurs capitaines ; ils vé-
rifient si les écuries peuvent contenir le
nombre de chevaux de troupe marqué sur
les billets ; ils en désignent une pour les chevaux écloppés ; ils logent les cavaliers le plus
près possible de leurs chevaux.

Les fourriers du premier et du quatrième
escadron reconnaissent les logements de leurs
chefs d'escadrons.

Les fourriers logent un trompette dans la même maison que le maréchal des logis chef, ou près de lui.

Ils inscrivent au dos des billets le nom des hommes auxquels ils sont destinés.

Ils dressent un état général et sommaire du logement, portant l'indication des rues et des maisons, ainsi que celle du logement du capitaine commandant et du maréchal des logis chef. Ce sous-officier le communique au capitaine commandant, ainsi qu'aux officiers qui veulent le consulter.

Ils se rendent ensuite sur la place pour attendre leur escadron.

Il est défendu aux fourriers, sous peine de suspension ou de cassation, de faire avec les habitants aucun trafic des billets.

Hommes à pied ; chevaux de remonte ; infirmerie.

407. Les hommes à pied sont formés en détachement pour la route ; ils sont commandés par un officier, et de préférence par un capitaine en second désigné spécialement par le colonel.

Les chevaux de remonte et ceux de l'infirmerie sont sous les ordres du capitaine instructeur, et sont commandés par lui pendant la marche. Il est attaché aux hommes à pied et aux chevaux de remonte le nombre d'officiers et de sous-officiers nécessaire (1).

---

(1) Les chevaux de remonte qui ne seraient pas encore

Un brigadier-fourrier est désigné pour remplir les fonctions de fourrier près du détachement des hommes à pied.

Le fourrier d'état-major, indépendamment de ses obligations envers le peloton hors rang, remplit les fonctions de fourrier près du détachement des chevaux de remonte.

L'un des vétérinaires marche avec l'infirmerie (1).

Les hommes à pied, ainsi que les chevaux de remonte et ceux de l'infirmerie, partent à l'heure fixée par le colonel, et toujours avant le régiment; en arrivant au gîte, ils se rendent sur la place. Les billets de logement leur sont immédiatement délivrés. Si, avant d'entrer dans la ville, ils sont rejoints par le régiment, ils marchent à sa suite.

Les cavaliers attachés aux chevaux de l'infirmerie, et, autant que possible, ceux qui pansent les chevaux de remonte, sont

---

entrés dans les escadrons et qui, au moment où le régiment auquel il appartiennent reçoit un ordre de mouvement, seraient reconnus trop faibles pour être mis en route sans précautions particulières, voyageront sous la direction du capitaine instructeur et selon le mode adopté par l'art. 48 du règlement du 23 mars 1837, pour les chevaux dirigés du dépôt de remonte sur les régiments (*Décis. min. du 14 août 1839, Journ. milit.*, p. 94).

(1) *Si le régiment marche en deux ou plusieurs colonnes, le vétérinaire marche avec celle où se trouve l'état-major. L'aide vétérinaire marche avec l'infirmerie et les jeunes chevaux* (art. 25 du règlement du 12 juin 1852, *Journ. milit.*, p. 520).

exempts de service ; ils doivent être logés avec leurs chevaux.

Les hommes à pied, les chevaux de remonte et ceux de l'infirmerie restent toujours avec l'état-major au lieu d'étape. Les détachements sont divisés en escouades; les hommes font ordinaire entre eux.

DÉPART ET MARCHE.

Rassemblement.

408. Deux heures et demie ou trois heures avant le départ, on sonne le réveil : à ce signal, on donne à manger aux chevaux.

Une demi-heure après, on sonne le boute-selle : à ce signal, on fait le pansage et on selle ensuite les chevaux.

Une heure et demie après le boute-selle, on sonne le boute-charge : à ce signal, on charge, et, s'il fait mauvais temps, on trousse la queue des chevaux.

Une demi-heure avant le départ, on sonne à cheval : à ce dernier signal, on bride.

Le colonel modifie les heures de ces différentes sonneries quand il le juge nécessaire ; il les rapproche lorsque les cavaliers ont acquis l'habitude de seller, de paqueter, et de se réunir avec ordre et célérité.

A moins de nécessité absolue, le régiment ne se met en route qu'une heure ou deux après le jour. Lorsque le trajet doit être court, soit en raison du peu de distance, soit en raison de ce que le terrain permettrait assez

15.

fréquemment l'allure du trot, le colonel retarde l'heure du départ pour laisser plus de repos aux hommes et aux chevaux.

Lorsque les chevaux sont dispersés, on se réunit d'abord par écurie, ou par escouade, à l'endroit où, la veille, les escouades ont mis pied à terre et se sont divisées.

Les pelotons, les sections ou les escouades, selon qu'ils sont d'abord réunis, sont amenés par leurs chefs immédiats au rassemblement de l'escadron.

Le maréchal des logis chef réunit l'escadron et fait l'appel ; il envoie à la recherche des hommes qui manquent ; si on ne les trouve pas, il remet leur nom au commandant de l'arrière-garde ; si l'on soupçonne qu'un homme a déserté, il en est donné avis sur-le-champ au commandant de la gendarmerie, et le signalement est envoyé aussitôt que possible.

A mesure que les escouades arrivent, les officiers de peloton font rapidement leur inspection ; elle porte principalement sur la manière dont les chevaux sont sellés, bridés et chargés. Les capitaines et les officiers supérieurs font la leur, en se portant successivement à la hauteur de chaque file, lorsqu'on s'est mis en marche.

Les chefs d'escadrons, après avoir reçu les rapports des capitaines commandants, font le leur au lieutenant-colonel ; semblables rapports sont rendus par les maréchaux des logis chefs à l'adjudant de semaine, qui les transmet à l'adjudant-major de semaine, lequel les rend au lieutenant-colonel.

En cas de réunion ou de départ imprévu, soit de jour, soit de nuit, on sonne *à cheval;* à ce signal, les escadrons se réunissent avec armes et bagages, et se rendent de suite au rassemblement général.

Etendard.

409. Aussitôt que la division qui doit aller prendre l'étendard est réunie, elle se rend directement devant le logement du colonel, et conduit l'étendard au rassemblement général.

Chevaux de main.

410. Les chevaux de main des officiers et des escadrons sont conduits au rendez-vous général par les maréchaux des logis de semaine; l'adjudant est chargé de les réunir et de les remettre à l'officier désigné pour les conduire; ils marchent dans le même ordre que les escadrons.

Départ.

411. Le régiment se met en marche, le sabre à la main; les trompettes sonnent la marche et des fanfares. Lorsque le régiment est hors du lieu où il a couché, le colonel fait remettre le sabre et commander : *repos.*

Chaque rang marche séparément sur les côtés de la route.

Tête de colonne et avant-garde.

412. Les escadrons tiennent alternativement la tête de la colonne.

L'escadron qui tient la tête de la colonne fournit un brigadier et quatre cavaliers pour l'avant-garde. Deux des cavaliers marchent les premiers à vingt-cinq pas en avant du brigadier, qui, suivi des deux autres, marche à cent pas en avant des trompettes.

Place de service des trompettes.

413. Les trompettes marchent réunis à la tête du régiment. Ils sonnent toutes les fois que le régiment passe dans une ville ou dans un village.

Le trompette de garde suit le colonel.

Dans les marches de nuit, un trompette est placé à la queue de chaque escadron pour sonner des appels quand l'obscurité ou la difficulté du chemin arrête la marche. Ces appels se répètent jusqu'à la tête du régiment. Dans les mauvais pas, la route est jalonnée par des sous-officiers ou brigadiers qui sont relevés successivement.

Arrière-garde.

414. L'arrière-garde se compose, en tout ou en partie, de la garde descendante : elle est commandée par un officier. Cet officier fait arrêter tous les hommes qui sont rencontrés sans permission après le départ du régiment. Il fait faire des patrouilles qui visitent avec célérité les divers quartiers de la ville, et particulièrement les cabarets où pourraient s'être arrêtés les militaires qui ont manqué à l'appel.

Il prend à la mairie le certificat de bien vivre, et le remet au lieutenant-colonel en arrivant.

L'arrière-garde marche à une distance de cent à cent cinquante pas du régiment, et ne laisse personne derrière elle.

Allures pendant la marche.

415. La route se fait partie au pas et partie au trot, selon la nature du terrain; chaque escadron soutient son allure, sans s'astreindre rigoureusement à maintenir ses distances; quand elles sont perdues, elles se reprennent insensiblement sans à-coup, ou à chaque halte.

En montant et en descendant les côtes, on ralentit le pas, et quelquefois on met pied à terre.

Pendant toute la marche, les officiers et les sous-officiers veillent à ce que les cavaliers soient tranquilles et d'aplomb sur leurs chevaux, et à ce qu'ils ne sortent pas du rang sans permission.

Les chefs d'escadrons, les capitaines commandants et les officiers commandant les deux premiers pelotons de chaque escadron marchent à la tête des escadrons; les capi-

tainesen second et les commandants des deux
derniers pelotons marchent à la queue.

Lorsque les rangs se rapprochent, soit pour
traverser une ville, soit pour exécuter une
formation, les officiers de peloton reprennent
leur place dans l'ordre de colonne par deux
ou par quatre.

Haltes.

416. Lorsque le régiment doit faire une
halte, il est sonné un demi-appel; la tête
ralentit l'allure, les escadrons reprennent leur
distance. A un second demi-appel, chaque
escadron arrête sur le terrain qu'il doit occuper; les officiers, sous-officiers et cavaliers,
mettent pied à terre.

Quand la halte est finie, on sonne à cheval; un couplet de marche annonce le départ.

La première halte a lieu trois quarts
d'heure après le départ; les autres ont lieu
d'heure en heure, et toujours à quelque distance des villages ou des habitations.

A chaque halte, et particulièrement à la
première, les officiers et les sous-officiers
s'assurent que les cavaliers replacent les couvertes et les charges dérangées, et ressan-
glent les chevaux.

La dernière halte se fait à un quart de lieue
du nouveau gîte; on y rétablit la tenue.

Rapports.

417. A la première halte, l'adjudant fait

sonner à l'ordre pour le rapport général ; chaque maréchal des logis chef lui remet le rapport particulier de son escadron : quand l'adjudant-major et le chef d'escadrons de semaine ont pris connaissance de ces rapports, le lieutenant-colonel les reçoit et les remet au colonel, qui prononce immédiatement sur leur contenu.

A l'arrivée au gîte, l'adjudant établit la feuille du rapport général et la remet au colonel. Il remet au major les rapports particuliers des escadrons ; les pièces justificatives des mutations restent entre les mains des maréchaux des logis chefs, pour être remises au major à chaque séjour.

Chevaux des hommes qui s'arrêtent.

418. Quand un brigadier ou un cavalier a besoin de s'arrêter entre deux haltes, il en demande la permission à l'officier de son peloton ou au maréchal des logis, et il laisse son cheval au cavalier qui marche à côté de lui.

Rencontre d'un autre régiment.

419. Quand deux troupes se rencontrent, elles appuient réciproquement à droite ; toutes deux continuent à marcher, si le terrain le permet ; dans le cas contraire, si l'une est d'infanterie et l'autre de cavalerie, celle-ci s'arrête pour laisser passer l'infanterie ; si elles sont de même arme, la première dans l'ordre de bataille continue sa route.

Le colonel fait mettre le sabre à la main ;
les trompettes sonnent ; les cavaliers s'ali-
gnent dans leurs rangs. Les officiers et les
sous-officiers font observer l'ordre et le
silence.

Lorsque le régiment traverse une ville, il
met le sabre à la main. En passant devant un
poste sous les armes, les escadrons lui rendent successivement les honneurs.

ARRIVÉE AU GÎTE.

Ordre donné.

420. A l'arrivée au gîte, lorsque le régiment est formé en bataille, on sonne à l'ordre ; le cercle se compose du colonel, du
lieutenant-colonel, des chefs d'escadrons, du
major, du capitaine et de l'adjudant-major de
semaine, du chirurgien-major, de l'adjudant,
des maréchaux des logis chefs, du trompette
maréchal des logis et du vétérinaire en premier.

Les capitaines commandants se rendent
au cercle, lorsque le colonel l'ordonne; dans
ce cas, les maréchaux des logis chefs se placent derrière leur capitaine commandant.

L'ordre indique les distributions, l'heure
des repas des chevaux, le pansage et le pansement, la tenue, l'inspection, et la visite de
corps, s'il y a séjour, le lieu de rassemblement et l'heure du départ.

L'adjudant fait connaître le logement du

colonel, des officiers supérieurs, du chirurgien-major et du vétérinaire en premier.

L'ordre donné et l'étendard étant parti, le colonel fait rompre le régiment.

L'adjudant conduit l'étendard au logement du colonel.

Escadrons conduits au logement.

421. Le fourrier conduit l'escadron au centre du quartier qu'il doit occuper ; le capitaine commandant le met en bataille. L'ordre étant donné , le service commandé et les billets de logement distribués, le capitaine fait mettre pied à terre : chaque cavalier conduit son cheval à l'écurie. Les pelotons dont les écuries sont trop éloignées s'y rendent à cheval.

Le fourrier remet au corps de garde les billets des hommes qui ne sont pas arrivés , l'adresse du capitaine commandant et celle du maréchal des logis chef.

Premiers soins aux écuries.

422. Dès que les chevaux sont dans les écuries, les cavaliers les débrident et les attachent assez court pour qu'ils ne puissent pas se rouler ; ils les déchargent, débouclent le poitrail , lâchent un peu les sangles , relèvent les étriers , dégagent la croupière et roulent les courroies de charge. Les armes, brides, schabraques, porte manteaux et manteaux sont portés au logement.

Quand il y a plus de douze chevaux réunis, on met un garde d'écurie.

Moment où les officiers et cavaliers se rendent au logement.

423. Quand les chevaux sont placés et déchargés, les officiers de peloton et les cavaliers vont à leur logement ; les cavaliers prennent aussitôt la tenue d'écurie.

Devoirs des trompettes.

424. Toutes les sonneries sont répétées par les trompettes de chaque escadron, sous la responsabilité du maréchal des logis chef.

Le trompette de garde est sous les ordres du maréchal des logis de garde et de l'adjudant de semaine, qui le dirigent pour les sonneries.

Escadrons détachés.

425. Lorsque des escadrons sont détachés du gîte principal, le commandant de chaque cantonnement établit une garde de police ou un poste de surveillance ; il prend à son départ un certificat de bien vivre.

Distributions.

426. A la sonnerie pour les distributions, les maréchaux des logis et les brigadiers de semaine, ainsi que les fourriers, rassemblent leurs escadrons à l'endroit où ils ont mis pied à terre, et les conduisent en ordre au rendez-vous indiqué.

Le capitaine de semaine divise les corvées, répartit les officiers de semaine, et fait faire les distributions. Lorsqu'elles sont terminées, il va en rendre compte au major.

S'il a été passé des marchés par l'adjoint au trésorier, les officiers de semaine font payer les fournisseurs, et s'en font remettre les reçus.

Soins au retour du fourrage.

427. De retour aux écuries, les cavaliers donnent à manger aux chevaux, sous la sur-veillance des maréchaux des logis et des brigadiers. Les chevaux sont bouchonnés et attachés à la mangeoire. Si le temps le per-met, les selles et couvertes sont exposées au soleil ou à l'air ; les sous-officiers empêchent qu'elles soient placées dans des endroits hu-mides et que les panneaux soient contre terre.

Pansage ; surveillance de la part des officiers et des sous-officiers.

428. Le pansage dure au moins une heure ; on doit faire plus souvent usage du bouchon que de l'étrille, particulièrement sur le dos du cheval, que la selle et la charge rendent en route plus sensible.

Les capitaines et les officiers de peloton assistent au pansage.

Les capitaines commandants font conduire au pansement les chevaux blessés ; ils pre-scrivent les réparations nécessaires aux selles de ces chevaux ; ils désignent ceux qui ne doivent pas être montés le lendemain.

Abreuvoir.

429. Quand il y a des abreuvoirs commodes pour passer les chevaux à l'eau et que la saison est favorable, ils y sont conduits en ordre.

Ordinaires et logements.

430. Les ordinaires se font dans les logements des brigadiers ; ceux-ci sont responsables du bon ordre, de la tranquillité, du respect pour les propriétés, et de la déférence que les militaires doivent aux habitants. Les hôtes ne sont tenus de fournir, pour les ordinaires, que la place au feu et à la chandelle, et les ustensiles nécessaires pour faire et manger la soupe.

Lorsque la soupe ne peut se faire par ordinaire, elle se fait dans chaque logement.

Il est dû, par deux brigadiers ou cavaliers et par deux maréchaux des logis, un lit garni d'une paillasse, d'un matelas ou lit de plume, d'une couverture de laine, d'un traversin et d'une paire de draps propres. Chaque adjudant, maréchal des logis chef et trompette maréchal des logis, a droit à un lit.

Jamais les hôtes ne peuvent être déplacés du lit ni de la chambre qu'ils occupent habituellement.

Il est dû, dans tous les logements, place au feu et à la chandelle.

Les cavaliers doivent ne rien exiger de leurs hôtes, quand même ceux-ci refusent de leur donner ce qui leur est dû; ils avertissent leur officier ou leur maréchal des logis de peloton, qui s'adresse à la mairie pour leur faire rendre justice.

Ces dispositions sont rappelées par la voie de l'ordre, lorsque le régiment doit faire route.

Service de semaine.

431. En route, le service de semaine des officiers se borne aux appels et aux distributions. Chaque officier est chargé de tous les autres détails pour son peloton.

Visites dans les logements.

432. Avant le pansage, les officiers et les sous-officiers visitent chacun une partie des logements de leur peloton, et particulièrement ceux où se font les ordinaires; ils entendent les réclamations des cavaliers, et font droit aux plaintes des hôtes quand elles sont justes. Les officiers reçoivent les rapports des sous-officiers et rendent compte de ces visites au capitaine commandant, le lendemain matin.

Si des réclamations exigeaient l'intervention du capitaine, ils l'en informeraient sur-le-champ. Le capitaine ferait de suite les démarches nécessaires pour qu'il fût rendu justice aux militaires.

Malades et écloppés.

433. A l'arrivée des équipages, les malades et les écloppés sont visités et pansés au corps de garde de police; le chirurgien-major désigne ceux qui doivent être admis sur les voitures le lendemain; l'autorisation d'y monter leur est donnée par écrit.

Les brigadiers font connaître le logement des cavaliers de leur escouade qui ne peuvent venir au corps de garde; un des chirurgiens va les visiter.

Le colonel prend toutes les mesures nécessaires pour empêcher les cavaliers d'entrer pendant la route dans les hôpitaux militaires ou civils, à moins qu'ils n'y soient envoyés par les chirurgiens du régiment. Il charge un officier de se présenter en son nom à l'autorité municipale des villes que le régiment traverse ou dans lesquelles il loge, de l'inviter à n'admettre dans les hospices que les militaires porteurs d'un billet signé d'un chirurgien du corps, et de lui donner le nom des hommes restés en arrière sans autorisation, afin que, si ces hommes se présentent à elle, elle puisse en avertir la gendarmerie; à leur retour, ces hommes sont sévèrement punis.

Chevaux conduits au pansement.

Ancienne rédaction.	*Nouvelle rédaction.*
434. A l'heure indiquée, le pansement des	Tous les jours, à l'heure indiquée par le chef du

Ancienne rédaction.

chevaux malades ou blessés se fait devant le corps de garde de police ; ces chevaux y sont conduits par les cavaliers, sous la surveillance du maréchal des logis de semaine de chaque escadron, qui informe le capitaine commandant des décisions du vétérinaire.

Le maître sellier se trouve au pansement, afin de juger des réparations à faire aux selles qui ont blessé les chevaux.

Nouvelle rédaction.

corps, le pansement des chevaux blessés ou malades se fait devant le corps de garde de police : ces chevaux y sont conduits par les cavaliers sous la surveillance du maréchal des logis de semaine de chaque escadron, qui informe le capitaine commandant des prescriptions du vétérinaire.

Le maître sellier se trouve au pansement, afin de juger des réparations à faire aux selles qui ont blessé les chevaux (*Art.* 26 *du règlement du* 12 *juin* 1852, *Journ. milit.*, p. 520).

Compte rendu par le vétérinaire.

Ancienne rédaction.

435. Les vétérinaires désignent au capitaine instructeur les chevaux dont la charge ou la selle doit être mise aux équipages, ceux qui doivent marcher avec les chevaux de main, et ceux qui sont hors d'état de suivre le régiment.

Nouvelle rédaction.

Le vétérinaire désigne aux capitaines commandants les chevaux dont la charge ou la selle doit être mise aux équipages, ceux qui doivent marcher avec les chevaux de main, et ceux qui sont hors d'état de suivre le régiment.

Ancienne rédaction.	*Nouvelle rédaction.*
S'ils trouvent des chevaux douteux, ils en rendent compte sur-le-champ; ces chevaux sont séparés des autres pendant la marche; les maires sont prévenus de leur maladie. Il est demandé pour eux des écuries ou des hangars isolés, afin que les chevaux des habitants ou ceux d'autres régiments soient préservés de la contagion.	Si le vétérinaire reconnaît que des chevaux sont atteints ou suspects de maladies contagieuses, il en fait informer sur-le-champ le capitaine commandant; ces chevaux sont séparés pendant la marche; les maires des gîtes d'étape sont prévenus de leur maladie; il est demandé pour eux des locaux isolés, et les cavaliers qui les pansent sont logés séparément.
Les cavaliers qui pansent des chevaux douteux sont logés ensemble.	Ces chevaux sont laissés en subsistance dans le premier corps de troupes à cheval qui se trouve sur la route parcourue par le régiment (*Art.* 27 *du règlement du* 12 *juin* 1852, *Journ. milit.*, p. 520).

Compte rendu par le capitaine instructeur.

436. Le capitaine instructeur assiste souvent aux pansements; il surveille les opérations des vétérinaires; il en rend compte au lieutenant-colonel.

Appel du soir.

437. Quand le colonel a ordonné un appel du soir, les officiers, les sous-officiers, les

brigadiers et les cavaliers de chaque escadron se réunissent, soit à l'endroit où l'escadron a rompu, soit au lieu du rassemblement général.

Si l'appel se fait dans le quartier de chaque escadron, le maréchal des logis chef se rend immédiatement après au corps de garde ; il fait connaître par écrit le résultat de l'appel à l'adjudant de semaine, qui le porte au colonel.

Retraite.

438. A l'heure prescrite, les trompettes se réunissent devant l'étendard pour y sonner la retraite : ils parcourent les lieux indiqués par l'adjudant ; ils se séparent ensuite et sonnent dans le quartier occupé par leur escadron.

Dans une ville où il y a des troupes, un trompette par escadron se réunit aux tambours et trompettes de la garnison pour sonner la retraite.

Une demi-heure après la retraite, les brigadiers et les cavaliers doivent être rentrés dans leurs logements.

Patrouilles après la retraite.

439. Dans les villes où il n'y a pas d'état-major de place, le commandant de la garde de police fait faire, après la retraite, des patrouilles pour faire rentrer à leur logement les brigadiers et les cavaliers qui sont encore dans les rues, et conduire au corps de garde

16

ceux qui sont pris de vin ou qui font du bruit.
Le lendemain, au réveil, il les renvoie à leur
escadron, à moins qu'ils n'aient mérité une
punition grave.

L'adjudant de semaine passe au corps de
garde avant le départ, pour savoir ce qui est
survenu pendant la nuit.

Séjours.

440. Dès l'arrrivée au gîte où le régiment
doit avoir séjour, les officiers et les sous-
officiers veillent à ce que l'habillement, l'é-
quipement, le harnachement et l'armement
soient réparés, et à ce que la ferrure soit mise
dans le meilleur état.

Il est passé une revue générale des chevaux
par le colonel ou le lieutenant-colonel.

L'inspection des hommes se passe le soir
du séjour : elle a lieu à pied et habituellement en tenue de route.

Les visites de corps ont lieu seulement
pendant les séjours ; elles sont bornées à
l'officier général le plus élevé en grade, et,
à défaut d'officier général, au commandant
de la place.

Lorsqu'il n'y a pas séjour, le commandant
du corps ou du détachement, accompagné
par un officier, se présente chez l'officier général ou chez le commandant de la place.

PUNITIONS.

Place, en marche, des officiers punis.

441. Les officiers aux arrêts simples marchent à leur rang.

Les officiers aux arrêts de rigueur ou en prison marchent sans sabre, sous une escorte particulière qui se tient en avant et hors de la vue du régiment.

Quand l'intérêt de la discipline n'exige pas impérieusement que la punition des arrêts de rigueur ou de la prison soit subie immédiatement après la faute, le colonel ne la fait subir que pendant les séjours, et, s'il se peut, à l'arrivée dans la garnison.

Place des sous-officiers, des brigadiers et des cavaliers.

442. Les sous-officiers, les brigadiers et les cavaliers punis de la salle de police ou de la prison marchent avec leur escadron ; ils reprennent leur punition à l'arrivée au gîte. Les brigadiers et les cavaliers mis au cachot sont confiés à la garde des hommes à pied.

Les sous-officiers suspendus de leurs fonctions ou punis de la prison pour des fautes très-graves peuvent être démontés pendant le temps de ces punitions, et remis à la garde des hommes à pied.

Les cavaliers au cachot sont démontés pour toute la route.

Les cavaliers qui maltraitent leurs chevaux ou qui n'en ont aucun soin sont également démontés pour toute la route.

Les brigadiers et les cavaliers peuvent être condamnés à marcher à pied , soit pendant plusieurs jours, soit seulement pendant une partie de la journée. Cette punition qui, dans certains cas, peut porter préjudice aux chevaux , n'est infligée que par les capitaines commandants ou les officiers supérieurs.

Les brigadiers et les cavaliers condamnés à aller à pied pour une ou plusieurs journées marchent à l'avant-garde du détachement des hommes à pied.

Les condamnés pour moins d'un jour marchent avec l'avant-garde du régiment.

Les hommes qui, pendant la marche, encourent une punition grave, sont conduits et consignés à l'arrière-garde par le maréchal des logis de semaine.

Ceux qui sont prévenus de délits du ressort des tribunaux sont remis à la gendarmerie ; en attendant , ils peuvent être attachés, si cette mesure est jugée nécessaire.

ÉQUIPAGES.

Ils sont sous les ordres du vaguemestre ; par qui gardés.

443. Les équipages sont sous les ordres du vaguemestre.

Le peloton hors rang fournit leur garde pendant la marche. Il les charge et les décharge chaque jour.

Les domestiques des officiers et les cantiniers qui marchent avec les équipages doivent obéir au vaguemestre.

Chargement des voitures.

444. Une des voitures porte la caisse du conseil, celle du trésorier, la caisse de comptabilité des escadrons mentionnée à l'article 400, et la partie des archives indispensable au trésorier ; cette voiture marche toujours la première.

Les autres voitures sont réservées,

Aux sous-officiers, brigadiers et cavaliers malades ;

A la caisse de chirurgie et à celle du vétérinaire ;

Aux porte-manteaux des officiers : le poids de chaque porte-manteau ne doit pas excéder douze kilogrammes ;

Aux effets de harnachement des chevaux blessés.

Les armes ne sont placées sur les voitures que lorsqu'il y a impossibilité de les faire porter par les cavaliers ; elles sont enfermées dans une caisse d'armes destinée à cet usage.

Les bagages ne sont reçus que sur une note signée du capitaine commandant ; ils doivent être étiquetés, solidement fermés et enregistrés. Le nom des officiers est écrit sur leurs porte-manteaux.

Malades ; hommes mariés, enfants de troupe.

445. Aucun sous-officier, brigadier ou cavalier, n'est admis sur les voitures sans un certificat du chirurgien-major. Si le nombre

16.

des malades l'exige, un chirurgien marche avec les équipages.

Les enfants de troupe peuvent être autorisés à marcher avec les équipages. Ils montent sur les voitures lorsqu'ils ne sont pas en âge de faire la route à pied.

Les hommes mariés qui ne sont pas montés peuvent également être autorisés à marcher avec les équipages ; ils aident alors au chargement et au déchargement des bagages.

Départ, marche et arrivée.

446. Les équipages partent assez matin pour arriver en même temps que le régiment ; ils sont chargés dès la veille. Pendant la route, le vaguemestre y maintient le plus grand ordre ; il ne permet à aucun homme de leur garde de s'en éloigner ; à l'arrivée au gîte, les billets de logement ne sont remis aux hommes de garde que lorsque les voitures sont déchargées et les équipages consignés à la garde de police.

CHAPITRE XLV.

DÉTACHEMENTS.

Composition des détachements.

447. Les détachements sont formés habituellement de fractions constitutives du régiment, telles qu'escadrons, pelotons, sections, escouades.

Il est établi pour ces détachements un tour de service entre les escadrons du régiment.

Autorité du chef d'un détachement; par qui remplacé.

448. Tout commandant de détachement est responsable du bon ordre dans les marches, les garnisons ou les cantonnements ; il est revêtu, quel que soit son grade, de toute l'autorité d'un chef de corps pour le service, la police, la discipline et l'instruction ; il se conforme à cet égard aux règles établies au régiment.

Il observe scrupuleusement les instructions particulières qui lui ont été données ; si les circonstances l'obligent à s'en écarter, il en rend compte sur-le-champ au colonel.

Si, pendant la durée d'un détachement, le commandement en devient vacant, ce commandement appartient à l'officier le plus élevé en grade, et, à grade égal, au plus ancien.

Ordres et pièces de comptabilité.

449. Le commandant d'un détachement doit être muni d'un ordre de départ, d'une instruction par écrit sur l'objet et le service de son détachement, et d'une feuille de route.

Il reçoit du major une instruction détaillée sur la comptabilité qu'il doit tenir, et les états et les pièces prescrits par les règlements d'administration.

Comptes à rendre; mutations.

450. Il adresse au colonel, aux époques

qui lui sont prescrites, un rapport détaillé
sur le service et la discipline du détachement.

Il y joint pour le major l'état des mutations, visé par le sous-intendant militaire.

Ces rapports ne le dispensent pas de rendre compte immédiatement au colonel de
tout événement important ou imprévu.

Retour au régiment.

451. Lorsque le détachement rejoint le
régiment, il est, à son arrivée, et selon le
grade de celui qui le commande, inspecté
par le colonel, le lieutenant - colonel, le
chef d'escadron ou l'adjudant-major de semaine.

Le commandant du détachement remet au
lieutenant-colonel les certificats de bien vivre
qui lui ont été délivrés pendant la route. Il
se présente chez les officiers supérieurs et
chez son capitaine commandant.

Il règle, sans délai, avec le trésorier et
l'officier d'habillement, les comptes de son
détachement.

CHAPITRE XLVI.

ESCORTES.

Escorte d'honneur.

452. Le commandant d'une escorte doit
présenter et maintenir la troupe dans le
meilleur ordre et la meilleure tenue.

Si c'est une escorte d'honneur, il va, en arrivant, prendre les ordres de la personne qu'il doit accompagner. Son service fini, il ne se retire qu'après avoir de nouveau pris les ordres de cette personne.

Escorte d'un convoi.

453. Quand une escorte est chargée de la garde et de la conservation d'un convoi, le commandant se fait précéder par un avant-garde pour connaître à temps les obstacles, faire débarrasser la route, et reconnaître les terrains propres aux haltes. Il a une arrière-garde, et, au besoin, des flanqueurs.

En plaine, le gros de la troupe marche habituellement sur les côtés de la route, à hauteur du centre du convoi; dans les défilés, il marche, soit à la tête, soit à la queue.

La tête du convoi doit marcher d'un pas uniforme, et plutôt lent qu'accéléré.

Si le convoi est considérable, il est partagé en plusieurs divisions.

Les voitures marchent sur deux files, toutes les fois que la largeur de la route le permet.

Si une voiture se casse, elle est tirée hors de la route; quand elle est réparée, elle prend la queue du convoi; si elle ne peut être réparée promptement, il est laissé pour sa garde un nombre d'hommes suffisant.

Le commandant fait faire des haltes d'heure

en heure pendant quelques instants, pour faire reprendre haleine aux chevaux et donner aux dernières voitures le temps de serrer à leur distance.

Il n'est fait de grandes haltes que très-rarement, et dans des lieux reconnus à l'avance.

Escorte de prisonniers.

454. Le commandant d'une escorte de prisonniers fait charger les armes en leur présence, avant de se mettre en route.

Il divise sa troupe en deux parties principales; l'une marche de front à la tête, l'autre ferme la marche de la même manière. Le reste est réparti sur les flancs de distance en distance, tant pour éclairer la route que pour ressaisir au besoin les fuyards.

Le détachement marche d'un pas modéré. Les haltes sont fréquentes, mais courtes; elles ont toujours lieu dans des endroits découverts.

Pendant les haltes, l'officier qui commande l'escorte redouble de surveillance. Jamais il ne perd de vue, envers les prisonniers, les égards dus au malheur, mais il se refuse à toute condescendance contraire à son devoir.

Si, à l'arrivée au gîte, les prisonniers doivent passer la nuit dans la prison du lieu, il s'en fait donner un reçu. S'ils doivent rester sous sa garde, il prend les précautions et donne toutes les consignes nécessaires pour prévenir les évasions. Il veille, dans tous les cas, à ce qu'ils reçoivent ce qui leur est alloué par les règlements ; il en est responsable. Il empêche qu'ils ne soient rançonnés sur le prix des objets qu'ils peuvent avoir à faire acheter.

Arrivé à sa destination, il prend de qui de droit un reçu des prisonniers.

Dispositions du chapitre *Détachements*, communes aux escortes.

455. Les escortes se conforment, en tout ce qui leur est applicable, aux dispositions prescrites pour les détachements.

TITRE IV.

DEVOIRS DES OFFICIERS GÉNÉRAUX RELATIVEMENT A L'EXÉCUTION DE LA PRÉSENTE ORDONNANCE.

Devoirs des officiers généraux.

456. Les lieutenants généraux et les maréchaux de camp commandant les divisions et les brigades organisées, ou les divisions et les subdivisions territoriales, assurent l'exécution pleine et entière de toutes les règles de service, de police, de discipline et d'administration, contenues dans la présente ordonnance.

OBJETS SUR LESQUELS LES OFFICIERS GÉNÉRAUX DOIVENT PORTER PLUS SPÉCIALEMENT LEUR ATTENTION.

Registres tenus par le lieutenant-colonel.

Les maréchaux de camp examinent fréquemment les registres d'ordre et du personnel des officiers, tenus par le lieutenant-colonel ; ils s'assurent que le registre d'ordre ne contient rien de contraire aux ordonnances ; ils comparent les notes inscrites au registre du personnel avec celles qu'ils ont eux-mêmes recueillies, afin de se former une opinion exacte de la capacité, du zèle et de la conduite des officiers sous leurs ordres, et de pouvoir éclairer le lieutenant général et l'inspecteur général sur le plus ou moins de mérite de ces officiers.

Ordinaire du soldat.

Les officiers généraux, lorsqu'ils visitent les quartiers, portent leur sollicitude sur l'ordinaire du soldat ; ils s'assurent que les denrées sont saines et aussi abondantes que possible, que le prêt et les divers produits qui ajoutent à la recette sont versés régulièrement, que l'ordinaire est administré avec économie, et qu'il n'y a aucun sujet de plainte. Ils rappellent aux officiers que la surveillance que le règlement leur impose sur cette partie du service constitue un de leurs devoirs les plus importants.

Lorsqu'une circonstance particulière, la cherté des vivres ou l'intérêt de l'ordinaire le font juger avantageux, les maréchaux de camp peuvent autoriser les capitaines commandants à passer des marchés avec les bouchers, les boulangers et les autres fournisseurs. Les capitaines commandants délèguent à cet effet quelques-uns d'entre eux qui se réunissent sous la présidence d'un chef d'escadrons. Une copie des marchés passés est affichée dans les chambres des chefs d'ordinaire.

Administration de la masse individuelle.

Dans leurs revues sur le terrain, ou lorsqu'ils font la visite des chambres ou des magasins, les généraux examinent si les effets sont de bonne qualité, bien confectionnés et bien entretenus, et si ceux au compte de la masse individuelle sont au prix le plus avantageux possible; ils interrogent les cavaliers sur la durée de ces effets; ils voient les livrets, s'assurent que les inscriptions y sont faites avec exactitude, que les réparations ont lieu dès qu'elles sont nécessaires, que le paiement en est imputé d'une manière impartiale, enfin que les masses individuelles sont administrées dans l'intérieur des compagnies avec intelligence, économie et sollicitude. Ils exigent que les capitaines commandants et les officiers de peloton remplissent scrupuleusement leur devoir à cet égard.

17

Distributions.

Les lieutenants généraux doivent s'assurer que les ordonnances et les règlements relatifs aux allocations et prestations de toute espèce attribuées aux troupes reçoivent leur entière exécution. Ils exigent en conséquence que les maréchaux de camp fassent souvent, et particulièrement aux heures des distributions, la visite des magasins ; qu'ils examinent la qualité et le poids des denrées : lorsque les distributions donnent lieu à des contestations, ils font appeler le sous-intendant militaire pour les terminer.

Instruction.

Les officiers généraux, et particulièrement les maréchaux de camp, assistent fréquemment aux exercices, aux évolutions, aux marches militaires ; ils exigent que les principes de l'ordonnance soient suivis en tous points ; que les officiers et les sous-officiers connaissent bien leurs fonctions et les remplissent avec intelligence et avec calme, et que l'instruction des hommes de recrue, tout en suivant la progression prescrite, soit conduite dans le but de les mettre promptement en état d'entrer dans les rangs. Ils ont soin que les marches militaires, sans rien enlever au repos habituel des hommes et des chevaux, soient dirigées de manière à tenir les troupes en haleine et toujours prêtes à marcher. Ils peuvent réunir dans ces marches

plusieurs corps d'une même arme ou d'armes
différentes, et leur faire exécuter des mouvements combinés. Ils peuvent encore, quand
les garnisons ne sont éloignées que d'une
journée d'étape, régler les marches des corps
qui les occupent de manière que ces corps
se réunissent, soit pour manœuvrer, soit
pour exécuter des mouvements de guerre.

Tenue.

Les généraux veillent journellement à ce
que la tenue des officiers, des sous-officiers
et des cavaliers, soit toujours régulière et
uniforme, et à ce que les diverses tenues
prescrites pour les corvées, les gardes d'écurie et le service de la place, soient observées
avec soin ; ils exigent que les officiers supérieurs donnent l'exemple de l'exactitude à
cet égard ; ils empêchent que, sous prétexte
d'économie, on n'oblige le cavalier à sortir
isolément du quartier après midi en veste
d'écurie.

Dans chaque division le lieutenant général
détermine les époques auxquelles les troupes
prennent la tenue d'été ou la tenue d'hiver ;
les ordres à cet égard peuvent être modifiés
par les maréchaux de camp, lorsque les circonstances l'exigent dans certaines localités.
Les commandants de place veillent à leur
exécution, et sont autorisés à apporter dans
la tenue journalière prescrite pour les hommes de service les changements temporaires

que des motifs de santé peuvent réclamer ;
ils en rendent compte.

Les généraux répriment sévèrement toutes les infractions à la tenue ; ils signalent
au ministre les chefs de corps qui les ont
ordonnées ou tolérées , et mettent à leur
charge les dépenses qu'elles ont occasionnées à leurs subordonnés.

Permissions.

Les maréchaux de camp exigent que tous
les grades auxquels la présente ordonnance
attribue la faculté d'accorder des permissions jouissent pleinement de ce droit , dans
les limites déterminées. Ils empêchent qu'à
moins de circonstances majeures, dont il doit
leur être rendu compte, il ne soit apporté
aucune restriction à l'exercice de cette faculté, inhérente au droit de punir.

Punitions.

La surveillance sur la manière dont les
punitions sont infligées dans les régiments
constitue un des devoirs les plus essentiels
des officiers généraux. Si les punitions sont
trop multipliées , ils doivent rechercher les
causes de cet état de choses , s'efforcer d'y
remédier, et faire sentir aux officiers et aux
sous-officiers qu'une sollicitude paternelle ,
leurs conseils, leur propre exemple et l'usage
équitable de leur autorité, préviennent les
fautes , et établissent la discipline sur une

base plus solide que ne le font les punitions ;
ils empêchent que sous aucun prétexte on
ne s'écarte des règles prescrites dans la présente ordonnance ; ils signalent à l'attention
du ministre les corps où les fautes sont en
moins grand nombre et de moindre gravité.

Réclamations.

Les officiers généraux examinent avec
une attention scrupuleuse les réclamations
qui leur sont adressées par les officiers , les
sous-officiers et les cavaliers ; ils entendent
au besoin les parties intéressées. Si la réclamation concerne l'administration générale
du corps , le général appelle, quand cela est
utile , l'intendant ou le sous-intendant militaire à l'examiner avec lui, ou la lui renvoie
afin qu'il donne son avis ou même qu'il prononce en conseil d'administration.

Casernement.

Les maréchaux de camp s'assurent , en
visitant fréquemment les casernes , que la
troupe est logée sainement et conformément
aux ordonnances, que la propreté règne dans
les chambres et dans les cuisines , dans les
écuries, dans les cours et à l'extérieur. L'infirmerie et les salles de discipline , la direction à donner à l'infirmerie des chevaux ,
sont l'objet particulier de leur attention ; ils
veillent à ce que, dans les écuries , les chevaux soient barrés par ordinaire.

Composition des détachements.

Les détachements pris sur la totalité d'un corps ayant l'inconvénient de déranger l'ordre, la discipline, l'instruction et l'administration, et ces détachements ne pouvant d'ailleurs présenter l'ensemble et la consistance désirables, tant sous ces divers rapports que sous celui de leur destination, les officiers généraux doivent, autant que possible, exécuter et faire exécuter littéralement l'article 447.

Les situations qu'ils reçoivent des corps leur font connaître la force des escadrons, pelotons et sections.

En conséquence, lorsqu'ils ordonnent un détachement, ils désignent l'espèce et le nombre de ces fractions nécessaires pour le composer.

Si, par exemple, il s'agit d'un détachement de la force ordinaire d'un escadron, et que l'effectif de celui qui doit marcher soit jugé absolument insuffisant, on y joint une ou plusieurs autres fractions constitutives, dont les hommes sont placés en subsistance dans cet escadron.

DISPOSITIONS GÉNÉRALES.

Abrogation des règlements antérieurs.

457. Sont abrogés les ordonnances et règlements antérieurs sur le service intérieur des troupes à cheval, et toutes autres dispo-

sitions contraires à la présente ordonnance.

458. Notre président du conseil, ministre secrétaire d'Etat au département de la guerre, est chargé de l'exécution de la présente ordonnance.

Paris, le deux novembre mil huit cent trente-trois.

LOUIS-PHILIPPE.

Par le Roi :

Le Président du conseil, Ministre de la guerre,

MARÉCHAL DUC DE DALMATIE.

CONSEILS D'ENQUÊTE

DES OFFICIERS.

LOI SUR L'ÉTAT DES OFFICIERS.

Au Palais des Tuileries, le 19 mai 1834.

LOUIS-PHILIPPE, Roi des Français,

A tous présents et à venir, salut.

Les Chambres ont adopté, nous avons ordonné et ordonnons ce qui suit :

TITRE PREMIER.

DU GRADE.

Art. 1er. Le grade est conféré par le Roi; il constitue l'état de l'officier. L'officier ne peut le perdre que par l'une des causes ci-après :

1° Démission acceptée par le Roi ;

2° Perte de la qualité de Français, prononcée par jugement ;

3° Condamnation à une peine afflictive ou infamante ;

4° Condamnation à une peine correctionnelle, pour délits prévus par la section 1re et les art. 402, 403, 405, 406 et 407 du chapitre 2 du titre 2 du livre 3 du Code pénal ;

17.

5° Condamnation à une peine correctionnelle d'emprisonnement, et qui, en outre, a
placé le condamné sous la surveillance de la
haute police, et l'a interdit des droits civi-
ques, civils et de famille;

6° Destitution prononcée par jugement
d'un conseil de guerre.

Indépendamment des cas prévus par les
autres lois en vigueur, la destitution sera
prononcée pour les causes ci-après déterminées :

1° A l'égard de l'officier en activité, pour
l'absence illégale de son corps, après trois
mois;

2° A l'égard de l'officier en activité, en
disponibilité ou en non-activité, pour résidence hors du royaume sans l'autorisation
du Roi, après quinze jours d'absence.

TITRE II.

DES POSITIONS DE L'OFFICIER.

2. Les positions de l'officier sont :
L'activité et la disponibilité,
La non-activité,
La réforme,
La retraite.

SECTION Ire. — DE L'ACTIVITÉ.

3. L'activité est la position de l'officier
appartenant à l'un des cadres constitutifs de

l'armée, pourvu d'emploi, et de l'officier hors cadre employé temporairement à un service spécial ou à une mission.

La disponibilité est la position spéciale de l'officier général ou d'état-major appartenant au cadre constitutif et momentanément sans emploi.

SECTION II. — DE LA NON-ACTIVITÉ.

4. La non-activité est la position de l'officier hors cadre et sans emploi.

5. L'officier en activité ne peut être mis en non-activité que par l'une des causes ci-après :

Licenciement de corps ;

Suppression d'emploi ;

Rentrée de captivité à l'ennemi, lorsque l'officier prisonnier de guerre a été remplacé dans son emploi ;

Infirmités temporaires ;

Retrait ou suspension d'emploi.

6. La mise en non-activité, par retrait ou suspension d'emploi, a lieu, par décision royale, sur le rapport du Ministre de la guerre.

7. Les officiers en non-activité par licenciement de corps, suppression d'emploi ou rentrée de captivité à l'ennemi, sont appelés à remplir la moitié des emplois de leur grade vacants dans l'arme à laquelle ils appartiennent.

Le temps passé par eux en non-activité leur est compté comme service effectif pour les droits à l'avancement, au commandement, à la réforme et à la retraite.

8. Les officiers en non-activité pour infirmités temporaires et par retrait ou suspension d'emploi sont susceptibles d'être remis en activité.

Le temps passé par eux en non-activité leur est compté comme service effectif pour la réforme et pour la retraite seulement.

SECTION III. — DE LA RÉFORME.

9. La réforme est la position de l'officier sans emploi qui, n'étant plus susceptible d'être rappelé à l'activité, n'a pas de droits acquis à la pension de retraite.

10. La réforme peut être prononcée,
1° Pour infirmités incurables ;
2° Par mesure de discipline.

§ 1. — *De la réforme pour infirmités incurables.*

11. La réforme pour infirmités incurables sera prononcée dans les formes voulues par la loi du 11 avril 1831, sur les pensions de l'armée de terre.

§ 2. — *De la réforme par mesure de discipline.*

12. Un officier ne peut être mis en réforme

pour cause de discipline que pour l'un des motifs ci-après :

Inconduite habituelle ;

Fautes graves dans le service ou contre la discipline ;

Fautes contre l'honneur ;

Prolongation au delà de trois ans de la position de non-activité, sauf les restrictions énoncées en l'article suivant.

13. La réforme, par mesure de discipline, des officiers en activité et officiers en non-activité, sera prononcée par décision royale, sur le rapport du Ministre de la guerre, d'après l'avis d'un conseil d'enquête dont la composition et les formes seront déterminées par un règlement d'administration publique.

La réforme, à raison de la prolongation de la non-activité pendant trois ans , ne pourra être prononcée qu'à l'égard de l'officier qui, d'après l'avis du même conseil , aura été reconnu non susceptible d'être rappelé à l'activité.

Les avis du conseil d'enquête ne pourront être modifiés qu'en faveur de l'officier.

SECTION IV. — DE LA RETRAITE.

14. La retraite est la position définitive de l'officier rendu à la vie civile et admis à la jouissance d'une pension, conformément aux lois en vigueur.

TITRE III.

DE LA SOLDE.

15. La solde d'activité et celle de disponibilité sont réglées suivant les tarifs approuvés par le Roi.

16. La solde de non-activité est fixée :

1° Pour l'officier sorti de l'activité par suite de licenciement de corps, de suppression d'emploi, de rentrée de captivité à l'ennemi ou d'infirmités temporaires, à moitié de la solde d'activité, dégagée de tous accessoires et de toute indemnité représentative ;

2° Pour l'officier sorti de l'activité par retrait ou par suspension d'emploi, aux deux cinquièmes de la même solde.

17. Les lieutenants et sous-lieutenants en non-activité toucheront les trois cinquièmes de la solde d'activité, dépouillée de tous accessoires, par exception au paragraphe 1er de l'article précédent.

18. Nul officier réformé n'a droit à un traitement, s'il n'a accompli le temps de service imposé par la loi de recrutement.

Tout officier réformé, ayant moins de vingt ans de service, recevra, pendant un temps égal à la moitié de la durée de ses services effectifs, une solde de réforme égale aux deux tiers du *minimum* de la pension de retraite de son grade, conformément à ce qui est déterminé par la loi du 11 avril 1831.

L'officier ayant, au moment de sa réforme, plus de vingt ans de service effectif, recevra une pension de réforme dont la quotité sera déterminée d'après le *minimum* de la retraite de son grade, à raison d'un trentième pour chaque année de service effectif.

19. Les pensions et traitements de réforme ci-dessus déterminés peuvent se cumuler avec un traitement civil.

20. Les pensions de réforme accordées après vingt ans de service seront inscrites au livre des pensions du trésor public. Elles seront, comme les pensions de retraite, in-cessibles et insaisisssables, excepté dans les cas de débet envers l'Etat, ou dans les cir-constances prévues par les articles 203, 205 et 214 du Code civil.

Dans ces deux cas, les pensions de réforme sont passibles de retenues qui ne peuvent excéder le cinquième pour cause de débet, et le tiers pour aliments.

21. Dans aucun cas, il ne peut y avoir lieu à réversibilité de tout ou partie de la pension de réforme sur les veuves et les orphelins.

TITRE IV.

DISPOSITIONS TRANSITOIRES.

22. Les officiers actuellement en jouissance de solde de congé illimité et de non-activité ou de traitement de réforme restent dans les

positions où ils ont été placés par les ordonnances royales.

Les dispositions des articles 13 et 18 de la présente loi seront toutefois appliquées à ceux de ces officiers qui seraient reconnus devoir passer de la position de congé illimité ou de non-activité à celle de réforme.

23. Les officiers mis en réforme avec ou sans traitement, depuis le 1er avril 1814 jusqu'au 1er août 1830, et qui sont actuellement en activité de service, ou en possession d'une solde de non-activité ou de congé illimité, seront admis à faire valoir pour la retraite ou la réforme, comme service effectif, le temps qu'ils ont antérieurement passé en réforme, mais seulement jusqu'à concurrence du nombre d'années qui ouvre le droit au *minimum* de la pension de retraite.

Le même droit est accordé aux officiers réintégrés dans l'armée depuis le 1er août 1830, et qui, par suite d'infirmités ou pour tout autre motif de santé dûment constaté, auront été mis à la position de réforme.

TITRE V.

DE L'APPLICATION A L'ARMÉE DE MER.

24. La présente loi est déclarée commune aux deux services de terre et de mer. Elle est, en conséquence, applicable aux officiers des troupes de la marine et aux officiers entretenus des autres corps de ce département.

Néanmoins, la mise en non-activité d'un officier de vaisseau ou d'autres officiers entretenus des corps de la marine ne pourra ouvrir aucune vacance dans le cadre de l'état-major maritime.

25. Les pensions de réforme qui, en exécution de l'article 18 ci-dessus, devront être accordées aux officiers entretenus des corps de la marine, après vingt ans de service effectif, seront liquidées proportionnellement, et payées suivant la teneur des articles 1er et 26 de la loi du 18 avril 1831.

TITRE VI.

DISPOSITIONS GÉNÉRALES.

26. Les dispositions de la présente loi sont applicables au corps de l'intendance militaire.

Elles sont également applicables aux officiers de santé des armées de terre et de mer, à ceux de l'administration des hôpitaux et aux agents du service de l'habillement et du campement (1).

---

(1) Ainsi qu'au personnel des subsistances militaires (*Décret du 9 janvier* 1852, *Journ. milit.*, p. 12). Dispositions applicables aux vétérinaires militaires de tous grades (*Décret du 28 janvier* 1852, p. 68). — *Idem*, aux employés militaires de l'artillerie, du génie et des équipages militaires (gardes, chefs et sous-chefs ouvriers d'état, ouvriers d'état, maîtres artificiers, chefs artificiers) (*Décret du 28 mars* 1852, *Journ. milit.*, p. 324). — *Idem*, aux officiers d'administration de l'intendance militaire (*Décret du 1er novembre* 1853, *Journ. milit.*, p. 297).

27. Tout officier condamné par jugement à un emprisonnement de plus de six mois sera suspendu de son emploi ou mis en réforme, en se conformant aux dispositions des articles 6 et 13 de la présente loi.

La durée de l'emprisonnement ne comptera jamais comme temps de service effectif, même pour la retraite.

28. Toutes dispositions antérieures contraires à la présente loi sont et demeurent abrogées.

La présente loi, discutée, délibérée et adoptée par la Chambre des pairs et par celle des députés, et sanctionnée par nous ce-jourd'hui, sera exécutée comme loi de l'Etat.

Donnons en mandement à nos Cours et tribunaux, préfets, corps administratifs et tous autres, que les présentes ils gardent et maintiennent, fassent garder, observer et maintenir; et, pour les rendre plus notoires à tous, ils les fassent publier et enregistrer partout où besoin sera ; et, afin que ce soit chose ferme et stable à toujours, nous y avons fait mettre notre sceau.

Fait à Paris, au Palais des Tuileries, le 19ᵉ jour du mois de mai 1834.

Signé : LOUIS-PHILIPPE.

Par le Roi :

Le Président du conseil, Ministre secrétaire d'Etat au département de la guerre,

Signé : MARÉCHAL DUC DE DALMATIE.

ORDONNANCE DU ROI

PORTANT RÈGLEMENT

SUR L'ORGANISATION

DES CONSEILS D'ENQUÊTE.

Paris, le 24 mai 1836.

LOUIS-PHILIPPE, Roi des Français,

A tous présents et à venir, salut.

Vu la loi du 19 mai 1834, sur l'état des officiers, et notamment l'article 13 ainsi conçu :

« La réforme, par mesure de discipline,
« des officiers en activité et des officiers en
« non-activité, sera prononcée par décision
« royale, sur le rapport du Ministre de la
« guerre, d'après l'avis d'un conseil d'en-
« quête dont la composition et les formes
« seront déterminées par un règlement d'ad-
« ministration publique.

« La réforme, à raison de la prolongation
« de la non-activité pendant trois ans, ne
« pourra être prononcée qu'à l'égard de
« l'officier qui, d'après l'avis du même con-
« seil, aura été reconnu non susceptible
« d'être rappelé à l'activité ; »

Sur le rapport de notre Ministre secrétaire d'Etat de la guerre,

Notre conseil d'Etat entendu,

Nous avons ordonné et ordonnons ce qui suit :

TITRE PREMIER.

DE LA COMPOSITION DES CONSEILS D'ENQUÊTE.

ART. 1. Il y aura trois espèces de conseils d'enquête :

1° Conseil d'enquête de régiment ;
2° Conseil d'enquête de division ;
3° Conseil d'enquête spécial pour les intendants militaires, les maréchaux de camp, les lieutenants généraux.

2. Chaque conseil d'enquête sera composé de cinq membres qui, sauf les cas prévus par l'art. 4 ci-après, seront désignés d'après le grade ou l'emploi de l'officier objet de l'enquête, conformément aux tableaux annexés à la présente ordonnance.

Deux membres au moins devront être de l'arme ou du corps d'administration militaire auquel l'officier objet de l'enquête appartiendra.

3. Le président et les membres de chaque conseil d'enquête, soit de régiment, soit de division, seront désignés par l'officier général commandant la division.

Si l'officier objet de l'enquête est intendant militaire, maréchal de camp ou lieutenant général, le président et les autres membres seront désignés par notre Ministre de la guerre.

Sauf l'exception prévue par le § 3 de l'article suivant, les membres du conseil, autres que le président , seront pris à tour de rôle et par ancienneté de grade, savoir :

1° Si l'officier objet de l'enquête est capitaine, lieutenant, sous-lieutenant, chirurgien-major ou aide-major dans un régiment, parmi les officiers de ce corps ;

2° S'il est officier supérieur d'un corps de troupe, officier d'état-major de quelque arme que ce soit, officier de gendarmerie, officier d'un bataillon, d'un escadron ou d'une compagnie formant corps de troupe , officier en non-activité , sous-intendant militaire , adjoint à l'intendance , officier de santé ou d'administration des hôpitaux , agent du service de l'habillement et du campement , parmi les officiers en activité dans la division ;

3° Si l'officier objet de l'enquête est intendant militaire , maréchal de camp ou lieutenant général, parmi les intendants et officiers généraux des cadres d'activité.

Les membres du grade de l'officier objet de l'enquête ne pourront être moins anciens de grade que lui.

4. En cas d'absence ou d'empêchement constaté , les membres absents ou empêchés seront remplacés par des officiers du même grade, et, à défaut, du grade immédiatement

inférieur, mais sans que les officiers nouvellement désignés puissent être ni moins anciens, ni de grades moins élevés que l'officier objet de l'enquête.

Si, à raison de l'ancienneté de grade, le remplacement ne peut avoir lieu, il y sera pourvu par la désignation d'officiers du grade immédiatement supérieur à celui de l'officier absent ou empêché.

S'il n'existe pas dans le régiment ou dans la division d'officiers réunissant les conditions voulues pour faire partie du conseil d'enquête, il en sera référé à notre Ministre de la guerre, qui prendra les mesures nécessaires pour compléter le conseil.

5. Ne pourront faire partie du conseil d'enquête :

1° Les parents ou alliés de l'officier objet de l'enquête, jusqu'au quatrième degré inclusivement ;

2° Les auteurs de la plainte ou du rapport spécial qui aura motivé la réunion du conseil.

TITRE II.

DES FORMES DE L'ENQUÊTE.

6. Aucun officier ne pourra être envoyé devant un conseil d'enquête sans l'ordre spécial de notre Ministre de la guerre ; néanmoins, toutes les fois que, hors du territoire français européen, il y aura lieu d'envoyer

un officier devant un conseil d'enquête, les gouverneurs généraux et les généraux en chef exerceront les mêmes pouvoirs que notre Ministre de la guerre, excepté dans le cas où l'officier serait intendant militaire, maréchal de camp ou lieutenant général.

7. Lorsque, pour l'une des causes prévues aux articles 12 et 27 de la loi du 19 mai 1834, un officier en activité ou en non-activité sera dans le cas d'être envoyé devant un conseil d'enquête, un rapport spécial avec la plainte, s'il en a été formé, sera transmis, par la voie hiérarchique, à notre Ministre de la guerre.

La plainte pourra être portée par toute personne qui se prétendra lésée, ou d'office, par l'un des supérieurs de l'officier qu'elle concernera.

Quel que soit le grade de l'officier qui la recevra, il sera tenu de la faire parvenir hiérarchiquement à notre Ministre de la guerre.

Aux temps des inspections, et lorsque l'inspecteur général sera sur les lieux, les pièces, au lieu d'être transmises à notre Ministre de la guerre par le général commandant la division, le seront par l'inspecteur général auquel elle seront remises directement par le chef du corps ou du service inspecté.

Le rapport spécial sera fait, savoir :

Pour l'officier d'un corps de troupe............ { Par le commandant du corps ou l'officier supérieur qu'il désignera.

Pour les chefs de corps, les officiers de gendarmerie, les officiers sans troupe et ceux en disponibilité ou en non-activité, jusqu'au grade de colonel inclusivement...	Par le commandant de la brigade ou de la subdivision territoriale.
Pour les membres de l'intendance militaire (autres que les intendants), les officiers de santé ou d'administration des hôpitaux et les agents de l'habillement et du campement..........	Par le chef du service.
Pour un maréchal de camp ou un intendant militaire..............	Par un lieutenant général désigné par notre ministre de la guerre.
Pour un lieutenant général.............	Par un maréchal de France désigné par notre ministre de la guerre.

Les officiers par l'intermédiaire desquels la plainte et le rapport spécial seront transmis à notre Ministre de la guerre les viseront sans émettre d'opinion.

Notre Ministre de la guerre pourra, lorsqu'il le jugera nécessaire, et sans l'accomplissement des formalités ci-dessus prescrites, envoyer d'office un officier en activité ou en non-activité devant un conseil d'enquête, pour l'une des causes spécifiées aux articles 12 et 27 de la loi du 19 mai 1834.

8. Conformément à l'article 13 de ladite loi, lorsqu'un officier sera resté en non-activité pendant trois ans, il devra être envoyé devant un conseil d'enquête, par notre Ministre de la guerre.

9. Lorsque notre Ministre de la guerre enverra un officier devant un conseil d'enquête, il adressera au général commandant la division toutes les pièces propres à éclairer le conseil.

Ces pièces, s'il s'agit d'un officier en non-activité depuis trois ans, devront faire connaître les causes de sa mise en non-activité, et présenter tous les renseignements donnés par les autorités civiles et militaires sur sa conduite et sur son état physique.

S'il s'agit d'un officier condamné par jugement à un emprisonnement de plus de six mois, une expédition du jugement devra faire partie du dossier.

10. A la réception des pièces envoyées par notre Ministre de la guerre, le général commandant la division désignera les membres qui devront composer le conseil d'enquête, et nommera parmi eux un rapporteur qui sera toujours d'un grade supérieur à celui de l'officier objet de l'enquête.

Il convoquera ensuite le conseil, en indiquant à chacun de ses membres l'époque, le lieu et l'objet de la convocation.

Le général donnera également ordre à l'officier objet de l'enquête de se rendre au

18

conseil aux lieu , jour et heure indiqués, et lui fera connaître le nom du rapporteur.

Si l'officier objet de l'enquête est intendant militaire , maréchal de camp ou lieutenant général, notre Ministre de la guerre remplira lui-même les formalités prescrites par le présent article.

11. Toutes les pièces qui auront donné lieu à la convocation du conseil d'enquête seront d'abord envoyées au président , qui les remettra au rapporteur : celui-ci fera connaître à l'officier qu'elles concernent l'objet de l'enquête.

12. A l'ouverture de la séance , le président , après avoir fait introduire l'officier, objet de l'enquête , donnera lecture au conseil des articles 9, 10, 12, 13, 18 et 27 de la loi du 19 mai 1834.

13. Si l'officier objet de l'enquête ne se présente pas aux lieu, jour et heure indiqués, et s'il n'a fait valoir aucun empêchement légitime , il sera passé outre , et il sera fait mention de son absence au procès-verbal contenant l'avis du conseil d'enquête.

14. Le rapporteur donnera lecture de l'ordre de convocation , et de toutes les pièces transmises par notre Ministre de la guerre.

15. L'officier envoyé devant un conseil d'enquête , à raison de la prolongation de sa non-activité pendant trois ans , pourra être visité par des officiers de santé désignés par le président.

Dans ce cas, le procès-verbal contenant l'avis du conseil d'enquête fera mention de la déclaration des officiers de santé.

16. Les officiers de santé ou autres personnes appelées devant le conseil, pour donner des renseignements, feront leur déclaration successivement et séparément.

L'officier objet de l'enquête et les membres du conseil pourront leur adresser les questions qu'ils jugeront convenables, mais par l'organe du président.

17. Les personnes appelées devant le conseil entendues, l'officier objet de l'enquête présentera ses observations.

Le président consultera ensuite les membres du conseil, pour savoir s'ils se trouvent suffisamment éclairés ; dans le cas de l'affirmative, il fera retirer l'officier objet de l'enquête ; dans le cas contraire, l'enquête continuera.

18. L'enquête terminée, le président, suivant les cas, posera séparément, et dans les termes ci-après, les questions suivantes, savoir :

Pour cause de discipline.

1° M.   est-il dans le cas d'être mis en réforme pour inconduite habituelle ?

2° M.   est-il dans le cas d'être mis en réforme pour fautes graves dans le service ?

3° M.   est-il dans le cas d'être mis

en réforme pour fautes graves contre la discipline ?

4° M.   est-il dans le cas d'être mis en réforme pour fautes contre l'honneur ?

Pour cause de non-activité.

M.   , en non-activité depuis plus de trois ans, est-il dans le cas d'être mis en réforme, comme reconnu non susceptible d'être rappelé à l'activité ?

Pour cause de condamnation à un emprisonnement de plus de six mois.

M.   , condamné à plus de six mois de prison, par jugement du   , est-il dans le cas d'être mis en réforme ?

19. Aucune autre question que celles indiquées en l'article précédent ne pourra être soumise au conseil d'enquête.

Sur chacune des questions que le conseil aura à décider pour former son avis, les membres iront au scrutin secret, en déposant dans une urne, pour l'affirmative, une boule sur laquelle sera inscrit le mot *oui*, et pour la négative, une boule sur laquelle sera inscrit le mot *non*.

La majorité formera l'avis du conseil.

Le résultat du vote sera consigné dans le procès-verbal contenant l'avis du conseil.

20. Le procès-verbal contenant l'avis du conseil d'enquête sera signé par tous les

membres et envoyé à notre Ministre de la guerre, avec toutes les pièces à l'appui, par l'intermédiaire du général commandant la division, et directement par le président, s'il est lieutenant général ou maréchal de France.

21. Les séances du conseil d'enquête ne peuvent avoir lieu qu'à huis clos.

Le conseil d'enquête sera dissous de plein droit, aussitôt après qu'il aura donné son avis sur l'affaire pour laquelle il aura été convoqué.

22. Notre Ministre secrétaire d'Etat de la guerre est chargé de l'exécution de la présente ordonnance, qui sera insérée au *Bulletin des Lois*.

Signé : LOUIS-PHILIPPE.

Par le Roi :

Le Maréchal Ministre de la guerre,

Signé : marquis MAISON.

18.

COMPOSITION DES CONSEILS D'ENQUÊTE.

TABLEAU N° 1.

Conseil d'enquête de régiment.

DÉSIGNATION DU GRADE DE L'OFFICIER objet de l'enquête.	PRÉSIDENT.	MEMBRES.
Pour un sous-lieutenant.	Un maréchal de camp. . . .	Un colonel ou lieutenant-colonel, un officier supérieur (*chef de bataillon ou d'escadron, ou major*), un capitaine, un sous-lieutenant.
Pour un lieutenant ou chirurgien aide-major . .	Un maréchal de camp.	Un colonel ou lieutenant-colonel, un officier supérieur (*chef de bataillon ou d'escadron, ou major*), un capitaine, un lieutenant.
Pour un capitaine ou un chirurgien-major	Un maréchal de camp. . . .	Un colonel ou lieutenant-colonel, un officier supérieur (*chef de bataillon ou d'escadron, ou major*), deux capitaines.

TABLEAU N° 2.

Conseil d'enquête de division.

DÉSIGNATION du grade ou de l'emploi DE L'OFFICIER objet de l'enquête.	PRÉSIDENT.	MEMBRES.
Pour un sous-lieutenant.	Un maréchal de camp	Un colonel ou lieutenant-colonel, un officier supérieur (*chef de bataillon ou d'escadron, ou major*), un capitaine, un sous-lieutenant.
Pour un lieutenant.	Un maréchal de camp	Un colonel ou lieutenant-colonel, un officier supérieur (*chef de bataillon ou d'escadron, ou major*), un capitaine, un lieutenant.
Pour un capitaine .	Un maréchal de camp	Un colonel ou lieutenant-colonel, un officier supérieur (*chef de bataillon ou d'escadron, ou major*), deux capitaines.
Pour un chef de bataillon ou d'escadron, ou major .	Un lieutenant général	Un maréchal de camp, un colonel ou lieutenant-colonel, deux officiers supérieurs (*chefs de bataillon ou d'escadron, ou major*).
Pour un lieutenant-colonel.	Un lieutenant général	Un maréchal de camp, un colonel, deux lieutenants-colonels.
Pour un colonel. .	Un lieutenant général	Deux maréchaux de camp, deux colonels.
. . . .	. . . .	. . . .
Pour un chirurgien aide-major. . .	Un maréchal de camp. . . .	Un sous-intendant militaire, un officier supérieur (*chef de bataillon ou d'escadron, ou major*), un chirurgien major, un chirurgien aide-major.
Pour un chirurgien-major.	Un maréchal de camp. . . .	Un sous-intendant militaire, un officier supérieur (*chef de bataillon ou d'escadron, ou major*), deux chirurgiens-majors.

TABLE

CHAPITRE III.

CHEFS D'ESCADRONS.

SERVICE DE SEMAINE.

CHAPITRE IV.

MAJOR.

CHAPITRE V.

CAPITAINE INSTRUCTEUR.

CHAPITRE VI.

ADJUDANTS-MAJORS.

SERVICE DE SEMAINE.

CHAPITRE VII.

TRÉSORIER.

CHAPITRE VIII.

OFFICIER D'HABILLEMENT.

19.

CHAPITRE XXII.

CAVALIERS DE 1re CLASSE.

CHAPITRE XXIII.

TROMPETTES.

CHAPITRE XXIV.

PELOTON HORS RANG.

TITRE II.

DEVOIRS GÉNÉRAUX ET COMMUNS AUX DIVERS GRADES.

CHAPITRE XXV.

RAPPORT JOURNALIER.

CHAPITRE XXVI.

MARQUES EXTÉRIEURES DE RESPECT.

CHAPITRE XXVII.

VISITES DU DIMANCHE ; VISITES DE CORPS.

CHAPITRE XXVIII.

MODE DE RÉCEPTION DES OFFICIERS , DES SOUS-OFFICIERS ET DES BRIGADIERS.

CHAPITRE XXIX.

CONSIGNE GÉNÉRALE POUR LA GARDE DE POLICE.

DEVOIRS DU MARÉCHAL DES LOGIS DE GARDE.

CHAPITRE XXX.

CONSIGNES DES GARDES D'ÉCURIE.

CHAPITRE XXXI.

INSTRUCTION.

CHAPITRE XXXVI.

PERMISSIONS.

—

PERMISSIONS POUR LES OFFICIERS.

PERMISSIONS POUR LES SOUS-OFFICIERS, BRIGADIERS ET CAVALIERS.

CHAPITRE XXXVII.

PUNITIONS.

PUNITIONS DES OFFICIERS.

CHAPITRE XXXVIII.

RÉCLAMATIONS.

(1) Ce chapitre comprenant les art. 359 à 376 a été rapporté par la décision royale du 18 septembre 1834.

CHAPITRE XLIII.

DETTES.

DETTES DES OFFICIERS.

DETTES DES SOUS-OFFICIERS, BRIGADIERS ET CAVALIERS.

TITRE III.

ROUTES DANS L'INTÉRIEUR.

CHAPITRE XLIV.

ROUTES.

DISPOSITIONS PRÉLIMINAIRES.

LOGEMENT.

DÉPART ET MARCHE.

CHAPITRE XLV.

DÉTACHEMENTS.

CHAPITRE XLVI.

ESCORTES.

TITRE IV.

DEVOIRS DES OFFICIERS GÉNÉRAUX RELATIVEMENT A L'EXÉCUTION DE LA PRÉSENTE ORDONNANCE.

OBJETS SUR LESQUELS LES OFFICIERS GÉNÉRAUX DOIVENT PORTER PLUS SPÉCIALEMENT LEUR ATTENTION.

CONSEILS D'ENQUÊTE DES OFFICIERS.

LOI SUR L'ÉTAT DES OFFICIERS.

FIN DE LA TABLE.

MODÈLES

PRESCRITS PAR L'ORDONNANCE

SUR LE SERVICE INTÉRIEUR

DES TROUPES A CHEVAL.

RÉGIMENT 8

Situation au _____ 18 __

1re PARTIE. SITUATION.

DÉSIGNATION des ESCADRONS	OFFICIERS					SOUS OFFICIERS ET CAVALIERS												CHEVAUX						
	1	2	3	4	5	6	7	8	9	10	11	12	13	14	15	16	17	18	19	20	21	22	23	24

IIe PARTIE. PUNITIONS DES OFFICIERS.

PUNITIONS DE LA TROUPE.

IIIe PARTIE Mutations des huit jours précédents.

Mouvement depuis la dernière Situation.

Détachements partis et rentrés depuis.

Modèle D.

Art. 5.

TABLEAU du Service journalier, à dater du

| Lundi |
| Mardi |
| Mercredi |
| Jeudi |
| Vendredi |
| Samedi |

INSTRUCTION A CHEVAL — INSTRUCTION A PIED — INSTRUCTION THÉORIQUE — TRAVAUX — DÉTAILS

Nota. Les heures et la durée du travail doivent être indiquées pour chaque chose, dans la colonne qui leur est réservée.

Le Colonel,

REGISTRE

DU PERSONNEL DE MM. LES OFFICIERS.

M. (les noms et prénoms) né le .... à .... a été ....
tement à .... (le grade), arrivé au corps le (la date
de son arrivée au régiment ou de sa nomination de
sous-lieutenant), indiqué (indiquer les promotions à de
nouveaux grades.

PUNITIONS				NOTES
Arrêts	Prison	Salle de police	Motifs	table. (conduite et conduite)

LE CAPITAINE COMMANDANT.

LE CAPITAINE EN SECOND.

PELOTONS.

1er.	2e.	3e.	4e.
Le sous-lieut. en premier.	Le 1er sous-lieutenant.	Le 2e sous-lieutenant.	Le lieutenant en second.

SECTIONS.

1re	2e	3e	4e	5e	6e	7e	8e
1er mar. des log.	2e mar. des log.	3e maréchal des logis.	4e maréchal des logis.	5e mar. des log.	6e mar. des log.

ESCOUADES.

	1er	2e	3e	4e	5e	6e	7e	8e	9e	10e	11e	12e	13e	14e	15e	16e
Brigadiers	1	1	1	1	1	1	1	1	1	1	1	1	1	1	1	1
Cavaliers de 1re classe	2	2	2	2	2	2	2	2	2	2	2	2	2	2	2	2
Cavaliers de 2e classe	6	6	6	6	6	6	6	6	6	6	6	6	6	6	6	6
Trompettes																
Maréchal ferrant																
	9	9	9	9	9	9	9	9	9	9	9	9	9	9	9	9

Total des brigadiers, cavaliers, trompettes et mar.-ferrants . . . .

Maréchal des logis chef 1

Maréchaux des logis . . . .

Brigadier fourrier . . . .

Force de l'escadron (non compris les officiers) . . . .

Les cavaliers de seconde classe non montés sont répartis, autant que possible, en nombre égal dans chaque escadron.

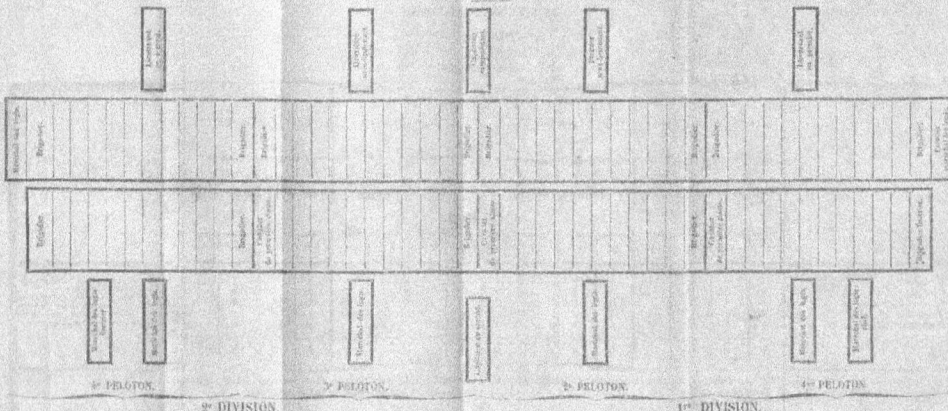

ESCADRON DE 48 FILES
EN ORDRE DE BATAILLE.

RÉGIMENT d

Escadron

PELOTON   N°

LIVRET

DE

L'OFFICIER DE PELOTON (1).

M

NOTA. MM. les commandants de peloton doivent tenir
ce livret exactement à jour, pour être en état de le renouveler eux-mêmes quand il est nécessaire de le faire.

Chaque maréchal des logis tient un pareil livret pour son
peloton ou sa section.

(1) MM. les officiers et sous-officiers trouveront à la librairie militaire de
J. DUMAINE ce Livret imprimé avec beaucoup de soin.

CONTROLE DU PELOTON

PAR SECTIONS ET ESCOUADES.

SECTION.

MARÉCHAL DES LOGIS

ESCOUADE.	ESCOUADE.

CONTROLE DU PELOTON

PAR SECTIONS ET ESCOUADES.

SECTION.

MARÉCHAL DES LOGIS.

ESCOUADE.	ESCOUADE.

3

NUMÉROS de la matricule.	NOMS ET PRÉNOMS.	GRADES. — Chevrons	LIEU ET DATE DE NAISSANCE, dernier domicile, profession et taille.
			Né le à département d dernier domicile à département d profession taille, un mètre millim.

4

DEMI-SIGNALEMENTS

MENTS SUR LES HOMMES.

DATE de L'ENTRÉE au service et titre sous lequel il sert.	ÉPOQUE à laquelle il aura droit à la libération.	S'IL SAIT			NOTES PARTICU-LIÈRES.	MUTATIONS SOMMAIRES.
		lire	écrire	compter.		

5

NOMS DES HOMMES	GRADES.	SITUATION DE LEUR MASSE INDIVI					
		AU 1ᵉʳ JANVIER.			AU 1ᵉʳ AVRIL.		
		Passé pour excédant.	Avoir.	Redû	Payé pour excédant.	Avoir.	Redû.

6

de la Masse individuelle.

DUELLE PENDANT L'ANNÉE 18						OBSERVATIONS.
AU 1ᵉʳ JUILLET.			AU 1ᵉʳ OCTOBRE.			
Payé pour excédant.	Avoir.	Redu	Payé pour excédant.	Avoir.	Redu	

CHEVAUX D'OFFICIERS.

NOMS ET GRADES des officiers.	NOMS et signalements des chevaux.	OBSERVAT.

CONTROLE DES CHEVAUX DE TROUPE.

NUMÉROS de la matricule.	NOMS des CHEVAUX; origine et année de la réception.	SIGNALEMENTS.	NOMS ET GRADES DES CAVALIERS; année où les chevaux leur ont été donnés.		NUMÉROS des harnachements.

Sept feuillets blancs de 30 à 36.

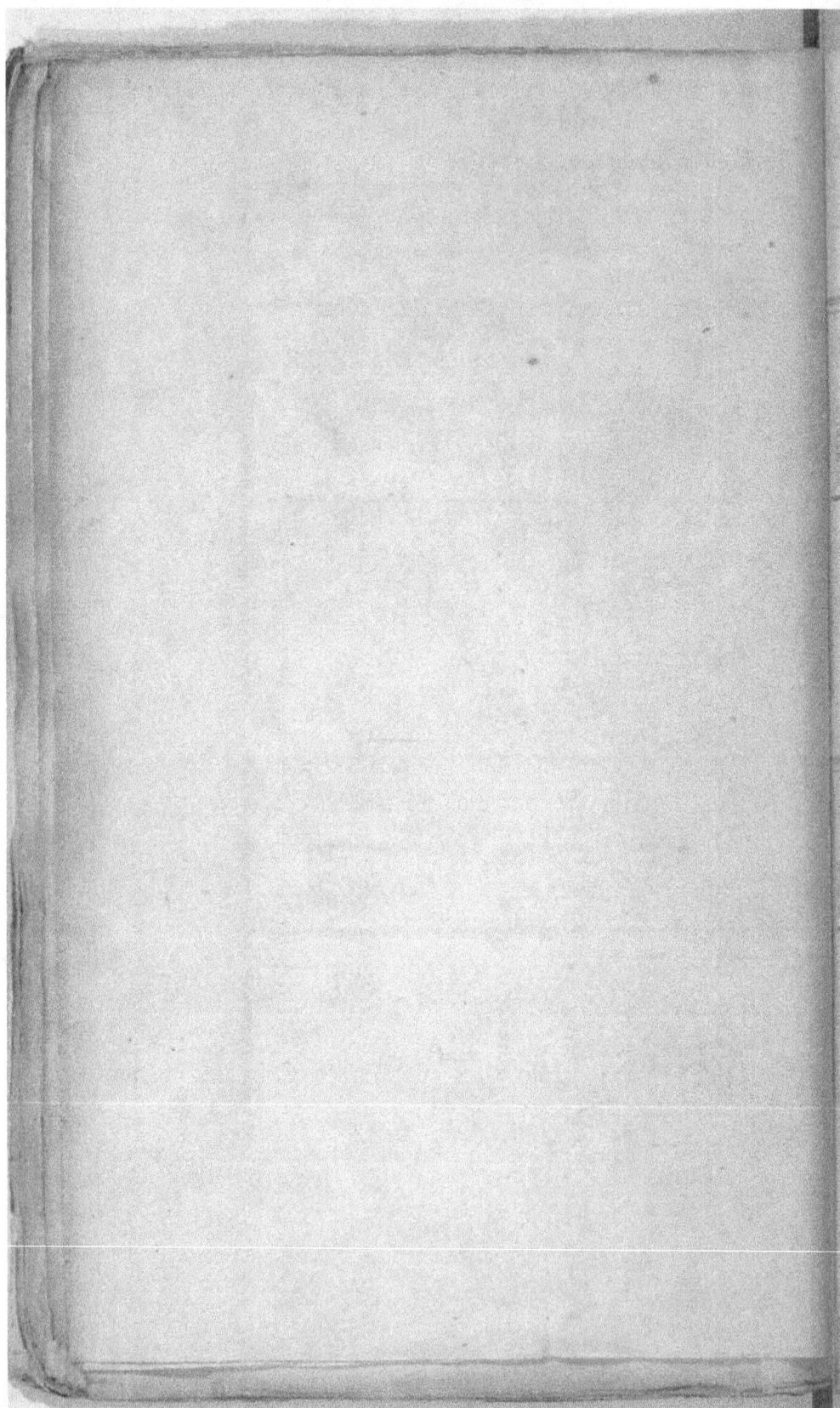

RÉGIMENT d

REGISTRE DU VAGUEMESTRE.

PREMIÈRE PARTIE. — *Sommes et lettres chargées à retirer des bureaux de poste.*

REMISE DES RECONNAISSANCES D'ARTICLES AU VAGUEMESTRE.				REMISE DES CHARGEMENTS ET PAIEMENT DES ARTICLES PAR LES BUREAUX DE POSTE.			ACQUITS.		REÇUS DES DIRECTEURS OU EMPLOYÉS pour les objets non distribués.
DATES.	NOMS DES MILITAIRES auxquels les articles sont adressés.	BUREAUX de départ.	DATES des reconnaissances.	DATES.	OBJETS.	DÉSIGNATION DES BUREAUX et signatures des directeurs ou employés.	DATES.	SIGNATURES.	

SECONDE PARTIE (1). — *Chargements à faire par le vaguemestre.*

REMISE PAR LES ENVOYEURS, DES LETTRES À CHARGER OU DES ARTICLES À DÉPOSER.					REMISES DES BULLETINS OU RECONNAISSANCES délivrés par les directeurs.	
DATES.	ENVOYEURS.	ORIGINE.	DESTINATION.	BUREAUX où les chargements et dépôts ont été faits.	DATES.	SIGNATURES DES ENVOYEURS.

(1) On destine les deux tiers du registre à la première partie et l'autre tiers à la seconde.

' ESCADRON

REGISTRE DE PUNITIONS POUR LES SOUS-OFFICIERS ET LES CAVALIERS.

NUMÉRO MATRICULE.   DEBAY, SÉBASTIEN-JULIEN (grade), arrivé au Corps le

Nota. Ce registre doit être établi
à feuilles mobiles, à l'usage de la première partie du livre d'escadron, et
sur papier du même format que ce
livre.

On ne porte sur ce registre les
punitions du cavalier, qu'autant
qu'elles ont été infligées pour quinze
jours papier.

...

DATES DES PUNITIONS.	GENRE DE PUNITIONS et NOMBRE DE JOURS.				PAR QUI LES PUNITIONS ONT ÉTÉ INFLIGÉES.	MOTIFS DES PUNITIONS
	Consigne.	Salle de police.	Prison.	Cachot.		

RÉGIMENT d

ESCADRON.

Modèle 1.

Art. 319.

LIVRET D'ORDINAIRE

Commencé le
Et fini le

RECETTES.

Prêt du 26 au 31 juillet 18

	Le 26, pour 90 hommes qui ont mangé à l'ordinaire, 90 journées à 30 centimes							27 fr. 00 c.	
Il revient à l'ordinaire	Le 27, pour 95	id.	id.	92	id.	30	id.	27	70
	Le 28, pour 92	id.	id.	92	id.	30	id.	27	60
	Le 29, pour 91	id.	id.	91	id.	30	id.	27	90
	Le 30, pour 93	id.	id.	91	id.	30	id.	27	90
	Le 31, pour 91	id.	id.	91	id.	30	id.	27	20

Supplément de change pour ... 541 journées à 81 centimes ... » 55

PRODUITS ADDITIONNELS.

NOMS.	GRADES.	NATURE DES PRODUITS.	NOMBRE de journées.	PRIX.	PRODUITS en argent.
Nicolas	Chasseur	du vache, Le 26, 27 et 28	3	67 10c	01 20c.
Jacques	Id.	De première	1	0 10	0 30
Michel	Maréchal des logis	A amené à l'ordinaire, le 27 et 28	1	0 12	0 70
Gilbert	Chasseur	Travaillant le 28, 29 et 30	1	0 02	0 15
Jules	Brigadier	Sus-prêts, les 27 et 28	2	0 55	0 20
		TOTAL			2 15

DATES.	NOMS des hommes de corvée.	DÉPENSES.	TOTAL par jour.
		Montant de dépense du jett précédent	
		» Pain blanc	
		Viande	
		Graisse	
		Lard	
		Légumes pour la soupe	
		» Pain blanc	
		Viande	
		Graisse	
		Lard	
		Légumes pour la soupe	
		» Pain blanc	
		Viande	
		Graisse	
		Lard	
		Légumes pour la soupe	
		» Pain blanc	
		Viande	
		Graisse	
		Lard	
		Légumes pour la soupe	

Compte du Commandant de l'escadron avec le chef d'ordinaire

Le total des recettes s'élève à	174 fr. 61 c.	
Le 26	28 00	
Le 27	28 40	
Le 28	28 60	
Le 29	28 60	
Le 30	28 00	
Le 31	28 40	
Le 31, solde de décompte, à	4 41	
TOTAL	174 61	Balance nulle

TOTAL des recettes	174 61
À déduire, Montant de Recette du prêt précédent	2 50
TOTAL GÉNÉRAL de la Recette	174 61
Les Dépenses pendant la six jours s'élèvent à	172 51
RELIQUAT, il en résulte un ... { Recette	2 50

Le Maréchal des logis chef.

Le Chef d'ordinaire.

Vérifié par l'officier chargé de la Direction de l'ordinaire.

TOTAL des Dépenses du ... au ... 172 f. 51 c.

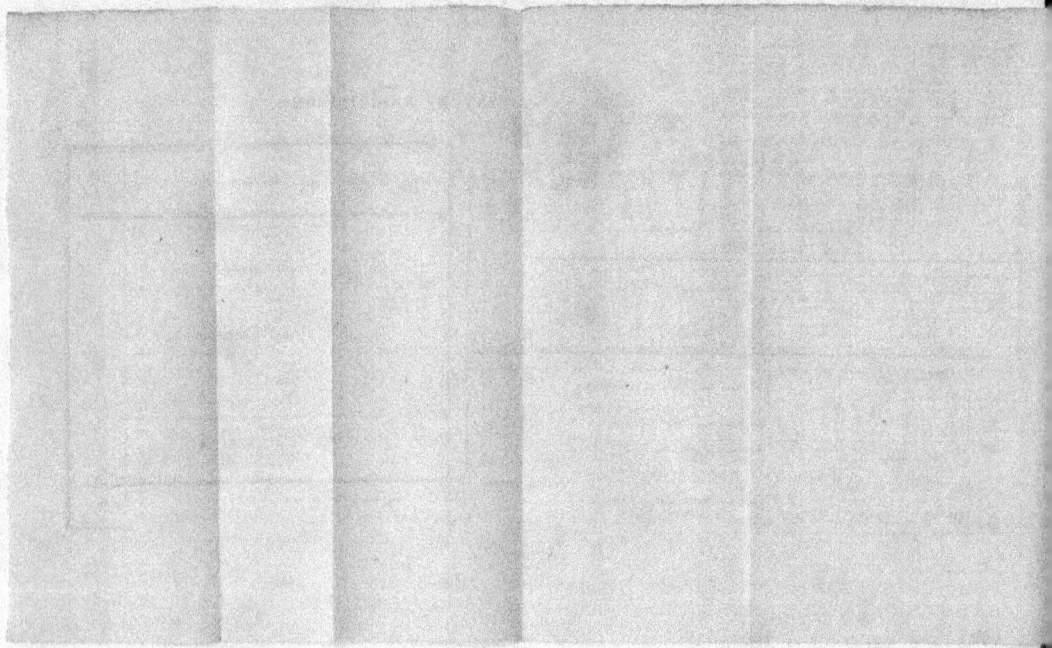

ESCADRON.

SITUATION et RAPPORT du   au   185

Pré-sents.	Ab-sents.	RE-totif.		

DÉSIGNATION des GRADES.	PRÉSENTS.											ABSENTS.																CHEVAUX.						
1	2	3	4	5	6	7	8	9	10	11	12	13	14	15	16	17	18	19	20	21	22	23	24	25	26	27	28	29	30	31	32	33	34	35

NUMÉROS		NOMBRE DE CHEVAUX.	NOMS, GRADES ET MUTATIONS.	SITUATION de la masse des hommes allant aux hôpitaux, en congé, morts, désertés, ou jugement, passés à d'autres corps, à d'autres escadrons du corps, etc.		PUNITIONS	DEMANDES
matricule.	annuel.		Nota. Indiquer le genre de maladie des hommes entrant à l'hôpital. Indiquer de quel jour était absent l'homme rentrant d'une absence quelconque.	Avoir.	Redu.		
1	2	3	4	5	6	7	8

Vu : le Major.

A le 18
Le Commandant de l'escadron,

Modèle L.

Art. 247.

SITUATION et Rapport du — — au — — 18 —

DESIGNATION des ESCADRONS.	OFFICIERS.									SOUS-OFFICIERS ET CAVALIERS.																									CHEVAUX.									

(columns numbered 2 3 4 5 6 7 8 9 10 11 12 13 14 15 16 17 18 19 20 21 22 23 24 25 26 27 28 29 30 31 32 33 34 35 36 37 38 39 40 41 42 43 44 45 46 47 48 49 50 51 52 53)

Lieutenant . . . .
1er escadron . . . .
2e . . . .
3e . . . .
4e . . . .
5e . . . .
6e . . . .
Peloton hors rang . . . .
Total . . . .

SERVICE DE SEMAINE.

MM.

1er escadron, MM.
2e
3e
4e
5e
6e

Chef d'escadrons,
Adjudant-major,
Capitaine.

SERVICE DU JOUR.

NOMS. GRADES.

Officiers.

Troupe. Maréchaux des logis . . . .
Brigadiers . . . .
Cavaliers . . . .
Trompettes . . . .

Total . . . .

MUTATIONS.			SITUATION de la chose individuelle.		PUNITIONS.	DEMANDES.
NUMÉROS			Avoir.	Reçû.		
matri- cule.	actuel.					
						Hommes manquants à l'appel du soir.
						A le 18.
						L'Adjudent de semaine,

INSTRUCTION

CHEVAUX
DE REMONTE
ET INFIRMERIE.

ᵉ **RÉGIMENT** d

Situation et Rapport du .... au   18 .

NOTA. Lorsque les cavaliers de la 3ᵉ classe, le peloton modèle ou les chevaux de remonte, n'ont pas travaillé la veille, les colonnes qui leur sont réservées ne sont pas remplies.

La mention des chevaux à l'infirmerie se remplit en tout temps.

HOMMES EMPLOYÉS A L'INSTRUCTION.											CHEVAUX DE REMONTE.						CHEVAUX A L'INFIRMERIE.				
RECRUES A LA 3ᵉ CLASSE.																					
à pied. Écoles du				à cheval. Écoles du																	
cavalier.		peloton.		cavalier.		peloton.		Peloton modèle.	Aux chevaux de remonte.	Reçus et l'instruction.	Non encore admis à recevoir l'instruction.	Indisponibles à l'écurie.	Malades à l'infirmerie.	TOTAL.	Douleurs.	Morveux, farcineux, galeux.	Blessés.	Maladies ordinaires.	TOTAL.		
Présents.	Absents.	Présents.	Absents.	Présents.	Absents.	Présents.	Absents.														
ÉTAT-MAJOR.																					
1ᵉʳ ESCADRON.																					
2ᵉ idem.																					
3ᵉ idem.																					
4ᵉ idem.																					
5ᵉ idem.																					
6ᵉ idem.																					
TOTAUX.																					
TOTAUX GÉNÉRAUX.																					

FORGE ET INFIRMERIE.

MUTATIONS.

DEMANDES ET OBSERVATIONS.

PUNITIONS.

Le Capitaine Instructeur.

1ᵉ DIVISION
MILITAIRE.

1ʳᵉ SUBDIVISION
ou ᵉ BRIGADE
DE CAVALERIE.

1ᵉʳ RÉGIMENT DE CUIRASSIERS.

Modèle N.

Art. 318.

Permission de huit jours, valable jusqu'au 30 décembre 1832 inclus.

OFFICIER.

(1) Désigner le grade.

En vertu de l'article 318 de l'ordonnance du   sur le service intérieur des troupes à cheval, le (1)   commandant le 1ᵉʳ *régiment de cuirassiers* accorde à M. *Isidore Gallien, lieutenant en premier au 3ᵉ escadron,* une *permission de huit jours, valable jusqu'au trente décembre* 1832 *inclus,* pour aller à *Saint-Denis, canton de Saint-Denis, département de la Seine.*

Il devra avoir rejoint son poste à l'expiration de la présente *permission* qui datera du *vingt-trois décembre* 1832.

M. *Gallien* devra, aussitôt son arrivée dans le lieu où il va en permission, faire viser la présente, savoir : si c'est dans une place de guerre, par le commandant de cette place ; si c'est dans une ville ouverte, un village ou une campagne, par l'officier de la gendarmerie commandant la lieutenance de l'arrondissement où il séjournera ; et si c'est dans le département de la Seine, par le commandant de la place de Paris.

Ce *visa* se fera, soit sur la présentation de la permission par l'officier lui-même, soit par la transmission qu'il en fera à l'officier commandant la gendarmerie, pour tous les lieux où il n'y aura pas d'état-major de place ; mais dans ceux où il en existera, l'officier porteur de *la présente permission* est tenu de se présenter devant le commandant de la place.

Nul officier ne pourra se dispenser d'exhiber *sa permission* sur la réquisition qui lui en sera faite par la gendarmerie.

Approuvé par le Commandant de la place.
     À Paris, le 22 décembre 1832.

À Paris, le 22 *décembre* 1832.
(Signature du Commandant du régiment.)

SIGNALEMENT.

Âgé de   ans, né le   , taille d'un
mètre   millim.; cheveux   , sourcils
front   , yeux   , nez   , bouche
menton   , visage

Vu : Le Major du corps,

Vu pour partir le 23 *décembre* 1832.

Le Sous-Intendant militaire.

Nota. Le présent modèle servira pour toutes les permissions qui n'excéderont pas la durée de 8 jours.

Les permissions seront toujours soumises à l'approbation du Commandant de place sans lettre d'envoi.

SUBDIVISION
OU 1ʳᵉ BRIGADE
DE CAVALERIE.

Permission de douze jours, valable jusqu'au trente-un décembre 1832 inclus.

OFFICIER.

PERMISSION demandée à M. le maréchal de camp commandant la brigade.
Paris, le 17 décembre 1832.

Le Commandant du régiment.

(Signature.)

EN vertu de l'article 318 de l'ordonnance du   sur le service intérieur des troupes à cheval, le maréchal de camp commandant la 1ʳᵉ brigade de cavalerie accorde à M. *Jean Béraud, capitaine adjudant-major, une permission de douze jours, valable jusqu'au trente-un décembre 1832 inclus, pour aller à Rouen, canton de Rouen, département de la Seine-Inférieure.*

Il devra avoir rejoint son poste à l'expiration de la présente permission, qui datera du vingt décembre 1832.

M. *Béraud* devra, aussitôt son arrivée dans le lieu où il va en permission, faire viser la présente, savoir : si c'est dans une place de guerre, par le commandant de cette place ; si c'est dans une ville ouverte, un village ou une campagne, par l'officier de la gendarmerie, commandant la lieutenance de l'arrondissement où il séjournera ; et si c'est dans le département de la Seine, par le commandant de la place de Paris.

APPROUVE la demande de la présente permission.
Paris, le 17 décembre 1832.

Le Commandant de la place.

(Signature.)

Ce visa se fera, soit par la présentation de la permission par l'officier lui-même, soit par la transmission qu'il en fera à l'officier commandant la gendarmerie, pour tous les lieux où il n'y aura pas d'état-major de place ; mais dans ceux où il en existera, l'officier porteur de la présente permission est tenu de se présenter devant le commandant de la place.

Nul officier ne pourra se dispenser d'exhiber sa permission sur la réquisition qui lui en sera faite par la gendarmerie.

A Paris, le dix-huit décembre 1832.

(Signature du maréchal de camp.)

SIGNALEMENT.

Âgé de   ans ; né le   ; taille d'un
mètre   millim.; cheveux   , sourcils
front   , yeux   , nez   , bouche
menton   , visage

VU : Le Major du corps.

NOTA. Le présent modèle servira pour toutes les permissions de 9 à 30 jours inclus. Lorsque la permission sera de plus de 15 jours, au lieu du maréchal de camp, on indiquera le lieutenant général.

Les demandes de permissions seront toujours soumises à l'approbation du commandant de la place, avant d'être adressées aux officiers généraux. Il ne sera point fait de lettre d'envoi.

VU pour partir *le vingt décembre* 1832.

Le Sous-Intendant militaire,

1ᵉʳ RÉGIMENT DE CUIRASSIERS.

Permission de huit jours, valable jusqu'au trente décembre **1832** *inclus.*

SOUS-OFFICIERS ET CAVALIERS.

EN vertu de l'article 324 de l'ordonnance du   sur le service intérieur des troupes à cheval, le (1)   commandant le 1ᵉʳ *régiment de
cuirassiers* accorde au *sieur Fuges (François), maréchal des logis au 1ᵉʳ escadron*,
une permission de huit jours, *valable jusqu'au trente décembre 1832 inclus*, pour aller
à *Saint-Germain, canton de Saint-Germain, département de Seine-et-Oise.*

Il devra avoir rejoint son poste à l'expiration de la présente permission, qui datera du
vingt-trois décembre 1832.

Le porteur sera tenu de faire viser la présente permission par le Commandant de la gendarmerie, tant à son arrivée à sa destination qu'à son départ pour rejoindre le corps.

A Paris, le 22 décembre 1832.

(*Signature du Commandant du régiment.*)

SIGNALEMENT.

Âge de   ans, né le   , taille
au mètre   millim., cheveux   sourcils
            yeux   , nez   , bouche
menton   visage

Vu : Le Major du corps,

APPROUVÉ par le Commandant de la place,

A Paris, le 20 décembre 1832.

Vu pour partir le vingt-trois décembre 1832.

Le Sous-Intendant militaire,

LE DÉCOMPTE de SOLDE du Militaire dénommé de l'autre part lui a été fait jusqu'au inclus.

Il lui reste à la masse individuelle la somme d

Il est porteur des effets ci-après :

DÉSIGNATION DES EFFETS.	NOMBRE D'EFFETS.	DÉSIGNATION DES EFFETS.	NOMBRE D'EFFETS.

En conséquence du détail ci-dessus, ce Militaire n'aura besoin d'aucun secours dans sa route pour aller en permission et en revenir.

Fait à   le   18 .

LE COMMANDANT DE LA COMPAGNIE,

CERTIFICAT DE VISITE.

Le dénommé d'autre part n'est atteint ni de maladie vénérienne, ni de maladie cutanée, ni d'aucune autre maladie contagieuse.

A   le   18 .

LE CHIRURGIEN,

1ᵉʳ RÉGIMENT DE CUIRASSIERS.

MODÈLE Q.
—
Art. 324.

Permission de quinze jours, valable jusqu'au 31 décembre 1832, inclus.

SOUS-OFFICIERS ET CAVALIERS.

En vertu de l'article 324 de l'ordonnance du   sur le service intérieur des troupes à cheval, le maréchal de camp commandant la 1ʳᵉ *subdivision de la 1ʳᵉ division militaire* accorde *au sieur Vigou (Jean-Baptiste), maréchal des logis au 4ᵉ escadron, une permission de quinze jours, valable jusqu'au trente-un décembre 1832, inclus, pour aller à Orléans, canton d'Orléans, département du Loiret.*

Il devra avoir rejoint son poste à l'expiration de la présente permission, qui datera du *dix-sept décembre* 1832.

Le porteur sera tenu de faire viser la présente permission par le commandant de la gendarmerie, tant à son arrivée à sa destination qu'à son départ pour rejoindre le corps.

À Paris, le 16 décembre 1832.

(Signature du maréchal de camp.)

Permission demandée à M. le
réchal de camp commandant la
division.
À Paris, le 16 décembre 1832.

Le Commandant du régiment,
(Signature.)

APPROUVÉ la demande de la
rente permission.
À Paris, le 16 décembre 1832.

Le Commandant de la place,
(Signature.)

SIGNALEMENT.

Âgé de   ans, né le   , taille
n mètre   millimètres, cheveux   ,
urcils   , front   , yeux   ,
à   , bouche   , menton   ,
nage

VU : *Le Major du corps.*

VU pour partir le dix-sept décembre 1832.

Le Sous-Intendant militaire,

NOTA. Le présent modèle servira pour toutes per-
sions de neuf à trente jours inclus.
Lorsque la permission sera de plus de quinze jours,
lieu du Maréchal de camp, on indiquera le Lieute-
nt général.
Les demandes de permissions seront toujours sou-
ses à l'approbation du Commandant de la place,
ant d'être adressées aux officiers généraux. Il ne
ra point fait de lettre d'envoi.

Le Décompte de Solde du Militaire dénommé de l'autre part lui a été fait jusqu'au inclus :
Il lui reste à la masse individuelle la somme d
Il est porteur des effets ci-après :

DÉSIGNATION DES EFFETS.	NOMBRE D'EFFETS.	DÉSIGNATION DES EFFETS.	NOMBRE D'EFFETS.

En conséquence du détail ci-dessus, ce Militaire n'aura besoin d'aucun secours dans sa route pour aller en permission et en revenir.

Fait à   le   18 .

LE COMMANDANT DE LA COMPAGNIE,

CERTIFICAT DE VISITE.

Le dénommé d'autre part n'est atteint ni de maladie vénérienne, ni de maladie cutanée, ni d'aucune autre maladie contagieuse.

A   le   18 .

LE CHIRURGIEN,

www.ingramcontent.com/pod-product-compliance
Lightning Source LLC
Chambersburg PA
CBHW061105220326
41599CB00024B/3925